Dr. Pascale Rousseau
Dr. Marie-Sophie Brouty-Walter

Französisch Übungsbuch Grammatik A1–A2

SEHEN – VERSTEHEN – ANWENDEN

Hueber Verlag

Die Online-Übungen finden Sie unter:
https://go.hueber.de/uebungsbuch-grammatik-franzoesisch

3. 2. 1. | Die letzten Ziffern
2022 21 20 19 18 | bezeichnen Zahl und Jahr des Druckes.
Alle Drucke dieser Auflage können, da unverändert, nebeneinander benutzt werden.
1. Auflage

Umschlaggestaltung: Sieveking · Agentur für Kommunikation, München
Layout und Satz: Sieveking · Agentur für Kommunikation, München
Verlagsredaktion: Helga Aichele, Hueber Verlag, München
Druck und Bindung: Friedrich Pustet GmbH & Co. KG, Regensburg
Printed in Germany
ISBN 978-3-19-327910-1

Art. 530_25060_001_01

Vorwort

Das **Übungsbuch Grammatik A1–A2** richtet sich an alle Französischlernenden ab Niveaustufe A1, die ihre Grammatikkenntnisse systematisch und aktiv festigen oder auffrischen möchten.

Das Buch bietet ein klar strukturiertes, intensives Lern- und Übungsprogramm, mit dem Sie alle wichtigen französischen Grammatikinhalte nach dem Prinzip **Sehen – Verstehen – Anwenden** selbst entdecken und gezielt trainieren können.

Jedes Kapitel ist nach diesem Prinzip übersichtlich aufgebaut:

- **START** In einer kurzen, hinführenden Übung entdecken Sie das jeweilige Thema.
- **SEHEN** Sie ordnen die Übungsinhalte zu und erhalten so einen Überblick über wichtige Formen und Anwendungsbeispiele.
- **VERSTEHEN** Anhand der Beispiele erarbeiten Sie die konkreten, grundlegenden Grammatikregeln.
- **ANWENDEN** Sie trainieren ausführlich und abwechslungsreich das Gelernte in kontextbezogenen Übungen. So lernen Sie nebenher nützlichen Wortschatz für wichtige Alltags- und Kommunikationssituationen.
- Schwierige Wörter werden am Ende jedes Kapitels erklärt.
- Infoboxen weisen auf häufige Fehlerquellen ! und Unterschiede zum Deutschen ▶◀ hin.

Je nach Bedarf ist es möglich, gewünschte Kapitel oder zusammenhängende Themen auszuwählen, oder das ganze Buch systematisch durchzuarbeiten. Themen auf Niveau A2 sind durch einen Stern ★ neben der Kapitelüberschrift gekennzeichnet.

Im Anhang finden Sie einen Lösungsschlüssel, eine Tabelle mit den wichtigsten unregelmäßigen Verben und ein Stichwortregister.

Die Online-Übungen finden Sie unter:
https://go.hueber.de/uebungsbuch-grammatik-franzoesisch

Inhalt

Präpositionen 138

Satzbau 146

Verwendete Abkürzungen

m männlich
pl Plural
qc. quelque chose
qn. quelqu'un
ugs. umgangssprachlich
w weiblich

1 Geschlecht

Französische Substantive (Nomen) sind entweder männlich (maskulin) oder weiblich (feminin), es gibt kein sächliches Geschlecht. Bei Lebewesen entspricht das Geschlecht (Genus) dem natürlichen Geschlecht. In der Regel ist das Geschlecht nur am Artikel erkennbar. Deswegen empfiehlt es sich, ein Substantiv immer zusammen mit seinem bestimmten Artikel zu lernen: *le* für männliche Substantive und *la* für weibliche Substantive (siehe auch Kapitel 4).

Das Geschlecht von Substantiven entspricht im Französischen oft nicht dem des entsprechenden deutschen Substantivs:
le soleil die Sonne *la lune* der Mond

START

Unterstreichen Sie mit einem roten Stift die weiblichen Substantive und mit einem blauen Stift die männlichen Substantive.

le voyage | la baguette | la promenade | le miroir | la liberté | le gâteau | la mairie | la soirée | le projet | le réveil | le poivron | la chaussure | le village | la raclette | la salade | la spécialité | le tiroir | la voiture | le soleil | le balcon | le billet | la journée | le bateau | la crêperie

SEHEN

Ordnen Sie die Wörter jetzt in die Tabelle ein. Schreiben Sie dabei Substantive mit ähnlichen Endungen zusammen in eine Zeile.

männlich	weiblich
le voyage, ______	la baguette, ______
______, ______	______, ______
______, ______	______, ______
______, ______	______, ______
______, ______	______, ______
______, ______	______, ______

1 Geschlecht

VERSTEHEN

Und nun ergänzen Sie die folgenden Regeln.

- Substantive mit den Endungen *-age*, ______, ______, ______, ______, ______ sind meist männlich.
- Substantive mit den Endungen *-ette*, ______, ______, ______, ______, ______ sind meist weiblich.

! Ausnahmen: *la page*, *la plage*, *le musée*, *l'eau* (weiblich), *la peau*.

ANWENDEN

1. Vor Vokal oder h werden *le* und *la* zu *l'*, somit sind diese Substantive schwer einzuordnen. Anhand der Regel können Sie jetzt das Geschlecht (*m* für männlich oder *w* für weiblich) hinter diese Substantive hinzufügen.

a. l'université ______
b. l'épicerie ______
c. l'idée ______
d. l'assiette ______
e. l'avion ______
f. l'égalité ______
g. l'entrée ______
h. l'appareil ______
i. l'étage ______
j. l'école ______

2. Kreuzen Sie die weiblichen Wörter an.
Kleiner Tipp: Viele weibliche Wörter enden auf *-e*.

a. ☐ guichet
b. ☐ tiroir
c. ☐ randonnée
d. ☐ boulangerie
e. ☐ histoire
f. ☐ vernissage
g. ☐ bicyclette
h. ☐ abricot
i. ☐ festival
j. ☐ matinée
k. ☐ lune
l. ☐ armoire
m. ☐ magasin
n. ☐ garage
o. ☐ limonade

3. Namen von Ländern und Regionen werden immer mit dem bestimmten Artikel (*le* / *la* / *l'*) angegeben. Es ist einfach: mit der Endung *-e* sind sie weiblich, ansonsten männlich. Probieren Sie es aus und ergänzen Sie.

Pour un voyage culturel, l'idéal, c'est _____ Italie. Mais _____ France est très belle aussi : _____ Provence ou _____ Normandie. _____ Norvège, _____ Pologne et _____ Danemark sont passionnants aussi ! _____ Canada, _____ Brésil ou _____ Japon sont des pays fascinants…
Et pourquoi pas _____ Suède ou _____ Allemagne ?

! Ausnahmen: *le Cambodge*, *le Mexique*, *le Mozambique*.
Israël steht immer ohne Artikel.
Bei Ländernamen im Plural steht *les*: *les États-Unis*, *les Pays-Bas*.

4. Trennen Sie in der Wortschlange die Wörter voneinander und unterstreichen Sie alle männlichen Substantive.

bureaualléearméebalconcravatecigarettereportagecroissantchancebonbonchampignonpain

la promenade	Spaziergang	le billet	Eintrittskarte
le miroir	Spiegel	l'assiette *w*	Teller
la mairie	Rathaus	le guichet	Schalter
le réveil	Wecker	la bicyclette	Fahrrad
le poivron	Paprikaschote	passionnant/-e	spannend
le tiroir	Schublade	le pays	Land, Staat

2 Einzahl und Mehrzahl

In der Mehrzahl (Plural) erhält das Substantiv in der Regel am Ende ein *-s*.

la table *les table**s*** *un garçon* *des garçon**s***

! Das Plural-s am Wortende wird nicht ausgesprochen.

START

Es gibt aber einige Ausnahmen bei der Pluralbildung zu beachten. Unterstreichen Sie bei folgenden Wörtern ähnliche Endungen mit der gleichen Farbe.

le manteau le cheval la noix le cadeau le journal le travail
le neveu le bijou le jus le chou le mois le prix le jeu

SEHEN

Ordnen Sie die Wörter nun gegenüber ihrer Pluralform in die Tabelle ein.

Einzahl	Mehrzahl
______, ______, ______	les chevaux, les journaux, les travaux
______, ______	les cadeaux, les manteaux
______, ______	les jeux, les neveux
______, ______	les bijoux, les choux
______, ______	les jus, les mois
______, ______	les prix, les noix

VERSTEHEN

Ergänzen Sie nun die folgenden Ausnahmeregeln zur Pluralbildung.

- Substantive auf *-al* und *-ail* enden in der Mehrzahl auf ______.
- Substantive mit den Endungen *-eau*, *-eu* und einige mit *-ou* hängen in der Mehrzahl am Ende ein *-x* an: *les* ______ (Schmuckstücke), *les* ______ (Mäntel).
- Substantive, die in der Einzahl auf ______, ______ und *-z* (*le riz / les riz* Reis) enden, ändern ihre Form in der Mehrzahl nicht.

! Merken Sie sich diese häufigen Pluralformen:
monsieur → messieurs
madame → mesdames
mademoiselle → mesdemoiselles

Und diese unregelmäßigen Formen:
le ciel → les cieux (Himmel)
l'œil → les yeux (Auge)

ANWENDEN

1. Auf dem Markt. Vervollständigen Sie, wo nötig, die Formen in der Mehrzahl mit -s oder -x.

Sur le marché de la Camargue, vous trouvez:

a. des pêche___
b. des carotte___
c. des poireau___
d. des artichaut___
e. des chou___
f. des tomate___
g. des ananas___
h. des olive___
i. des avocat___
j. des radis___

2. In der Camargue. Setzen Sie die markierten Substantive in die Mehrzahl.

L'**animal** de la Camargue, c'est le **cheval**, mais aussi le **taureau**. Le **riz** rouge ou blanc de la Camargue est célèbre. Prenez le **vélo**, le **bateau** ou la **voiture** pour visiter! En Camargue, le **touriste** aime regarder un **musée** ou une **ville**. Le **mois** de mai est parfait pour une **randonnée**.

Les ____________ de la Camargue, ce sont les ____________, mais aussi les ____________. Les ____________ rouges ou blancs de la Camargue sont célèbres. Prenez les ____________, les ____________ ou les ____________ pour visiter! En Camargue, les ____________ aiment regarder des ____________ ou des ____________. Les ____________ d'avril et de mai sont parfaits pour des ____________.

3. Ergänzen Sie das Rätsel mit den Wörtern auf Französisch. Sie finden in der markierten Spalte den Namen einer Stadt in der Camargue.

a. Boote
b. Preise
c. Bücher
d. Spiele
e. Salze

Lösungswort: ______________

a.
b.
c.
d.
e.

Diese Substantive stehen im Französischen im Plural: *les ciseaux* (Schere), *les gens* (Leute), *les lunettes* (Brille), *les toilettes* (WC), *les vacances* (Ferien).

le cheval	Pferd	le poireau	Lauch
la noix	Walnuss	le radis	Radieschen
le neveu	Neffe	l'animal *m*	Tier
le bijou	Schmuck	le taureau	Stier
le chou	Kohlkopf	la randonnée	Tour, Wanderung

3 Personen- und Berufsbezeichnungen

Personen- oder Berufsbezeichnungen, die auf *-e* enden, können männlich und weiblich sein: *un/e Russe, le/la biologiste*. Meist wird zur Bildung der weiblichen Form ein *-e* an die männliche Form angehängt: *un étudiant / une étudiante, un ami / une amie*. Es gibt jedoch auch andere Endungen, um die weibliche Form abzuleiten. Nationalitätsbezeichnungen werden im Französischen immer großgeschrieben: *C'est un Français.*

START

Markieren Sie im Text die Berufs- und Nationalitätsbezeichnungen.

Dans mon cours de français pour adultes, les étudiants viennent du monde entier: il y a une Américaine, une Italienne, trois Chinoises, un Allemand et un Russe. Ils ont aussi des professions très différentes: une boulangère, un cuisinier, une danseuse, un patron de restaurant et une directrice de zoo!

SEHEN

Ergänzen Sie jetzt die Tabelle der Personenbezeichnungen mit den Wörtern aus dem Text.

	männlich	weiblich
Endung bleibt gleich	un adulte un ________	une adulte une Russe
+ -e	un Américain un Chinois un ________	une ________ une ________ une Allemande
Verdoppelung des Endkonsonanten + -e	un Italien un ________	une ________ une patronne
Veränderung -(i)er / -(i)ère	un boulanger un ________	une ________ une cuisinière
Veränderung -eur / -euse	un danseur	une ________
Veränderung -teur / -trice	un directeur	une ________

VERSTEHEN

Ergänzen Sie nun die folgenden Regeln zur Pluralbildung.

- Die folgenden männlichen Endungen lauten in ihrer weiblichen Form:

  -ain → ________ *-ois* → ________ *-d* → ________

  -ien → ________ *-on* → ________

  -er → ________ *-ier* → ________

  -eur → ________ *-teur* → ________

- Allerdings gibt es bei der Endung *-eur* noch die Möglichkeit, ein *-e* anzuhängen: *l'auteur / l'auteure* (Autor/in), *le professeur / la professeure* (Lehrer/in).

Um seinen Beruf anzugeben, verwendet man im Französischen das Verb *être* und nicht *travailler* (arbeiten): *Je suis biologiste.* Und so fragt man nach dem Beruf: *Qu'est-ce que tu fais / vous faites dans la vie ?* oder *Quelle est ta / votre profession ?*

ANWENDEN

1. Ordnen Sie die Ländernamen den passenden Nationalitäten zu und ergänzen Sie die fehlende Form.

le Japon | l'Espagne | la Belgique | l'Algérie | la Suède | la Tchéquie | l'Allemagne

le pays (das Land)	männlich	weiblich
______	un Allemand	______
______	______	une Belge
______	un Japonais	______
______	un Tchèque	______
______	______	une Algérienne
______	un Suédois	______
______	______	une Espagnole

! Achten Sie bei Nationalitäten auf diese Ausnahmen: *un Turc / une Turcque* (Türke / Türkin), *un Grec / une Grecque* (Grieche / Griechin). Und zu *un Suisse* (Schweizer) gibt es zwei weibliche Formen: *une Suissesse / une Suisse* (Schweizerin).

2. Lesen Sie den Dialog zwischen zwei Lehrern über ihre Schüler und kreuzen Sie die korrekte Form der Berufsbezeichnung an.

◆ Qu'est-ce qu'ils veulent faire après le bac, tes élèves ?

○ Juliette veut devenir ☐ actrice / ☐ acteur ou bien ☐ éditrice / ☐ éditeur. Et Charles veut être ☐ mathématicienne / ☐ mathématicien.

◆ Et les autres ?

○ Antoine veut être ☐ cuisinière / ☐ cuisinier ou bien ☐ ingénieure / ☐ ingénieur...

◆ Et Léo ? Il veut être ☐ danseuse / ☐ danseur ?

○ Non, Léo veut être ☐ boulangère / ☐ boulanger. Marie veut faire une formation d' ☐ opticienne / ☐ opticien et Corentin veut devenir ☐ policière / ☐ policier.

◆ Et qui veut être ☐ professeure / ☐ professeur ?

○ Je ne sais pas... Manon peut-être ?

3. Ergänzen Sie den Text mit den passenden Endungen.

trice ais eur ois ier teur ien euse aise ne ier

J'habite dans un quartier multiculturel. L'épic_____ est un Algér_____.
Le direc_____ de l'école est franco-russe et la direc_____ du lycée vient de Belgique. Il y a aussi un Angl_____ et une Japon_____ dans mon immeuble, ils sont très sympas! Il est chant_____ de jazz et elle est dans_____ à l'opéra. Moi, je suis patron_____ d'un restaurant et voici mon mari Deqiang, c'est un Chin_____ et c'est mon cuisin_____!

l'adulte *w/m*	Erwachsene/r	l'acteur *m*	Schauspieler
l'étudiant *m*	Student	l'éditeur *m*	Verleger
du monde entier	aus der ganzen Welt	la formation	Ausbildung
le boulanger	Bäcker	l'opticien *m*	Optiker
la Suède	Schweden	l'épicier *m*	Lebensmittelhändler
la Tchéquie	Tschechien	l'immeuble *m*	Wohnhaus
après le bac	nach dem Abitur		

Begleiter

Begleiter wie z. B. die Artikel bestimmen Substantive (Nomen) näher und zeigen z. B. ihr Geschlecht an. Sie stehen im Satz immer vor dem Substantiv.

4 Bestimmter und unbestimmter Artikel

Der Artikel gibt das Geschlecht (Genus) und die Zahl (Numerus) – Einzahl (Singular) oder Mehrzahl (Plural) – des Substantivs an. Wie im Deutschen gibt es bestimmte Artikel *le* (der), *la* (die), *les* (die) und unbestimmte Artikel *un* (ein), *une* (eine), *des*.

__Le__ thé est très bon! — **Der** Tee ist sehr gut!
On achète __un__ cadeau ? — Kaufen wir **ein** Geschenk?

▶◀ Anders als im Deutschen gibt es im Französischen kein sächliches Geschlecht (Neutrum).

START

Unterstreichen Sie im Mini-Dialog alle Artikel.

◆ Marie, qui est invité à l'anniversaire de Sophie ?
○ Pierre et Muriel, le père et la sœur de Muriel et les parents de Pierre, un ami de l'université, une collègue, des voisins… et toi !

SEHEN

Ergänzen Sie die Artikel jetzt in der Tabelle.

		bestimmter Artikel	**unbestimmter Artikel**
Einzahl	**männlich**	____ père	____ ami
	weiblich	____ sœur	____ collègue
	vor Vokal und stummem h	____ anniversaire ____ université	
Mehrzahl		____ parents	____ voisins

! Vorsicht: Achten Sie auf die unterschiedliche Aussprache von *le* und *les*. Denn nur am Artikel hört man, ob das Substantiv in der Einzahl oder in der Mehrzahl steht.

VERSTEHEN

Ergänzen Sie nun die folgenden Regeln.

- Der bestimmte Artikel lautet in der Einzahl ______ (männlich), ______ (weiblich) und vor Vokalen und dem „stummen h" (z. B. *histoire*) für beide Geschlechter ______. In der Mehrzahl lautet er ______.
- Der unbestimmte Artikel lautet in der Einzahl ______ (männlich) und ______ (weiblich) und in der Mehrzahl ______. Er wird in der Einzahl weitgehend wie im Deutschen verwendet.

ANWENDEN

1. **Was kann man Sophie zum Geburtstag schenken? Ergänzen Sie den Text mit den bestimmten Artikeln.**

Sophie aime bien _____ thé, mais elle préfère _____ café. Elle aime _____ fleurs, _____ danse, _____ jeux de société, _____ livres de cuisine, _____ musique classique et _____ chocolat! Elle déteste _____ romans!

Anders als im Deutschen wird der bestimmte Artikel nach den Verben *aimer* (lieben), *adorer* (sehr gerne mögen), *préférer* (vorziehen, lieber haben), *détester* (nicht leiden können) sowie bei Regionen, Ländern und Kontinenten verwendet: *la France* (Frankreich).

2. **Welche Geschenke hat Sophie bekommen? Kreuzen Sie die richtige Option an.**

Alors, j'ai eu ☐ un / ☐ une livre de cuisine, ☐ un / ☐ une boite de thé, ☐ des / ☐ les roses, ☐ un / ☐ une jeu de société, ☐ un / ☐ une carte de concert, ☐ un / ☐ une parfum et ☐ des / ☐ les chaussettes.

3. Ordnen Sie folgende Wörter ihrem Artikel zu.

bière fromage invitation invités salade anniversaire melon gâteaux cadeau soupe pistaches assiette

le	la	l'	les
______	______	______	______
______	______	______	______
______	______	______	______

4. Was hat Sophie für ihre Party vorbereitet? Ergänzen Sie den Text mithilfe von Übung 3 und achten Sie auf den unbestimmten Artikel in der Mehrzahl.

Sophie a acheté ______ (Biere) et ______ (Käse). Sur ______ (Tellern), il y a ______ (Pistazien) et ______ (eine Melone). Dans la cuisine, elle a préparé ______ (Salate) et ______ (eine Suppe). ______ (die Gäste) ont apporté ______ (Geschenke) et ______ (einige Kuchen).

le cadeau	Geschenk	la boite de thé	Teedose
le voisin	Nachbar	la chaussette	Socke
le jeu de société	Gesellschaftsspiel	l'invité *m*	Gast
j'ai eu	ich habe bekommen	apporter	mitbringen

5 *à / de* + bestimmter Artikel

Folgt den Präpositionen *à* (in, zu) und *de* (von, aus) ein bestimmter Artikel, z. B. *aller **à l'**école*, *jouer **de la** flute* so bilden sich in einigen Fällen neue Formen, die sogenannten zusammengezogenen Artikel.

START

Markieren Sie im Dialog die Präpositionen *à* oder *de* mit den folgenden bestimmten Artikeln. Welche Kombinationen kommen nicht vor?

◆ Vous allez aussi au bal des pompiers, ce soir? C'est à la salle des fêtes.
○ Non, ce soir, nous allons à l'école. Notre fille Anne joue du violon et notre fils Arthur joue de la clarinette.
◆ Et toi, tu ne joues pas de l'accordéon?
○ Si, mais je ne joue plus. Aux États-Unis, je jouais dans un orchestre. Maintenant, je joue aux échecs à l'ordinateur.

Fehlende Kombinationen: à + ______, à + ______, de + ______, de + ______

SEHEN

Ergänzen Sie jetzt die Tabelle mithilfe des Textes und entdecken Sie die zusammengezogenen Artikel.

	à + bestimmter Artikel	de + bestimmter Artikel
le	______ bal	______ violon
la	____ ____ salle des fêtes	____ ____ clarinette
l'	____ ____ école ____ ____ ordinateur	____ ____ accordéon
les	______ États-Unis ______ échecs	le bal ______ pompiers la salle ______ fêtes

VERSTEHEN

Ergänzen Sie nun die folgenden Regeln.

- Nur die bestimmten Artikel ______ und ______ verschmelzen mit diesen Präpositionen zu neuen Formen. Mit der Präposition *à* werden sie zu ______ bzw. ______. Mit der Präposition *de* werden sie zu ______ bzw. ______.
- Die Artikel ______ und ______ bleiben unverändert erhalten.

Sie kennen auch im Deutschen Verschmelzungen von Präposition und bestimmtem Artikel wie: am, ans, ins, zum, zur ... Allerdings sind sie auf Französisch Pflicht.

ANWENDEN

1. Das Musikfest. Kreuzen Sie die richtige Form an.

Le 21 juin, c'est la Fête ☐ du / ☐ de la Musique !

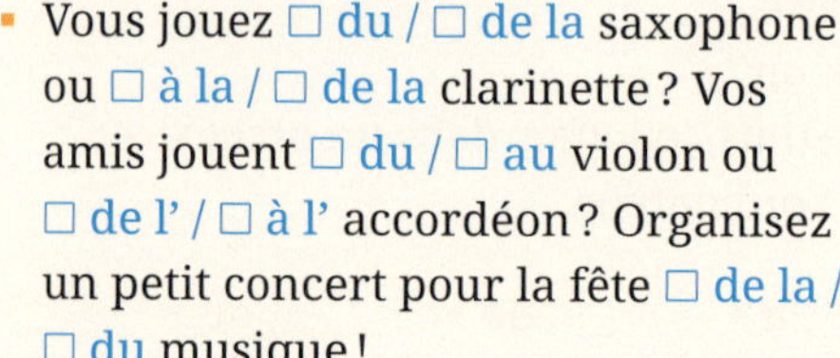

- Vous jouez ☐ du / ☐ de la saxophone ou ☐ à la / ☐ de la clarinette ? Vos amis jouent ☐ du / ☐ au violon ou ☐ de l' / ☐ à l' accordéon ? Organisez un petit concert pour la fête ☐ de la / ☐ du musique !
- Ou bien venez ☐ au / ☐ à l' école de musique ou ☐ au / ☐ à la Conservatoire de musique et assistez ☐ au / ☐ aux concerts ☐ des / ☐ aux étudiants !
- L'orchestre ☐ du / ☐ de la ville propose toute la soirée ☐ du / ☐ de la musique pour danser tous ensemble. C'est ☐ au / ☐ à l' théâtre ☐ du / ☐ de la ville !

2. Ergänzen Sie mit der angegebenen Präposition und den bestimmten Artikeln.

_____ (à) bal _____ (de) pompiers, l'ambiance est super. Valses, tangos, hip-hop, chansons _____ (de) années 80, le programme _____ (de) soirée est toujours très varié. C'est le paradis _____ (de) danseurs ! Et il y a un très beau buffet : pas de canard _____ (à) orange ou de coq _____ (à) vin mais des quiches _____ (à) roquefort, des canapés _____ (à) saumon, des tartelettes _____ (à) crème sans oublier les glaces _____ (à) chocolat !

3. Auch in den präpositionalen Ausdrücken *jusqu'à* (bis), *à côté de* (neben), *en face de* (gegenüber), *près de* (in der Nähe von) werden *de* und *à* vor *le* und *les* verändert. Vervollständigen Sie mit den passenden Artikeln.

◆ S'il vous plait, madame, je cherche l'école de musique...

- ○ L'école de musique, elle est à côté ______ théâtre. Vous allez jusqu'______ feux, puis vous tournez à gauche et vous continuez jusqu'______ carrefour. L'école de musique est en face ______ cinéma Gaumont. C'est facile.
- ◆ Et pour se garer ?
- ○ Il y a un parking près ______ école.

le pompier	Feuerwehrmann	le canard	Ente
les échecs	Schach	le coq	Hähnchen
l'ordinateur *m*	Computer	le saumon	Lachs
le Conservatoire de musique	Musikhochschule	le feu	*hier:* Ampel
		le carrefour	Kreuzung
varié/-e	abwechslungsreich	se garer	parken

6 Teilungsartikel und Mengenangaben

Der Teilungsartikel drückt im Französischen unbestimmte Mengen aus oder wird bei nicht zählbaren Dingen verwendet:
*Je mange **du** fromage.* (Ich esse Käse.)
Genaue Mengen gibt man mit Mengenangaben an:
***deux** pommes* (zwei Äpfel), ***un kilo de** pommes* (ein Kilo Äpfel)

START

Apfelkuchen backen. Unterstreichen Sie im Dialog die Zutaten und vergleichen Sie sie: Welche sind unbestimmte Angaben, welche sind genaue Angaben?

- ◆ Qu'est-ce qu'il faut pour faire une tarte aux pommes ?
- ○ Et bien, il faut du beurre, de la farine, du sel, du sucre, des œufs, des pommes et de l'eau !
- ◆ Oui, mais combien exactement... ?
- ○ Pour la pâte, il faut 125 grammes de beurre, 250 grammes de farine, une pincée de sel, deux cuillères de sucre, deux œufs et ensuite tu prends un kilo de pommes.
- ◆ Et il faut des noisettes aussi ? Et de la levure ?
- ○ Non, non, pas de noisettes et pas de levure.

6 Teilungsartikel und Mengenangaben

SEHEN

Ergänzen Sie die Tabelle mithilfe des Textes.

	unbestimmte Angaben / Teilungsartikel	bestimmte Angaben / Mengenangaben
männlich Einzahl	_____ beurre _____ sel _____ sucre	_____ _______ _____ beurre _____ _______ _____ sel _____ _______ _____ sucre
weiblich Einzahl	____ ____ farine ____ ____ levure	_____ _______ _____ farine un sachet de levure
vor Vokal und stummem h Einzahl	____ ____ eau	un litre d' eau
männlich und weiblich Mehrzahl	_____ œufs _____ pommes _____ noisettes	______ œufs _____ _______ _____ pommes

VERSTEHEN

Ergänzen Sie nun die folgenden Regeln.

- Bei unbestimmten Mengen wird im Französischen der Teilungsartikel verwendet: Seine Formen entsprechen der Präposition _____ + bestimmter Artikel (*le*, *la*, *l'*, *les*). Er hat also die gleichen Formen wie der zusammengezogene Artikel (siehe Kapitel 5). Der Teilungsartikel hat im Deutschen keine Entsprechung, er wird also nicht übersetzt:
  il faut du beure (man braucht Butter)
- Nach genauen Mengenangaben steht kein Teilungsartikel, sondern nur die Präposition _____ bzw. _____ + Substantiv, ohne Artikel.
- Bei der Verneinung oder zur Angabe einer Nullmenge verwendet man _______ _____: *pas de noisettes / pas de levure*, es entspricht dem deutschen „kein/e“ (siehe Kapitel 48).

! Die Präposition *de* bzw. *d'* steht nach:
ne ... pas / ne ... plus (kein/e, kein/e mehr): *On n'a plus* ***de*** *beurre.*
combien (wie viele): *Il faut combien* ***d'œufs****?*
beaucoup (viel), *assez* (genug), *peu* (wenig): *Il y a encore assez* ***de*** *pain?*

ANWENDEN

1. Am Frühstückstisch. Ergänzen Sie mit *de*, *du*, *de la*, *des*.

a. un bol ______ cacao
b. une tasse ______ café
c. ______ fromage
d. ______ beurre
e. ______ confiture
f. ______ céréales
g. ______ sucre
h. un litre ______ lait
i. ______ pain
j. ______ baguette
k. ______ œufs

2. Armand und Heike backen bei Heikes Oma. Geben Sie die Zutaten von Omas Kuchen auf Französisch an.

Heike Oma, was braucht man für deinen Schokokuchen?
Oma Also, 200 Gramm Mehl, 125 Gramm Butter, 150 Gramm Zucker, 4 Eier, 50 Gramm Haselnüsse, 1 Päckchen Backpulver, 125 ml Milch, 6 Löffel Kakao...
Armand Je n'ai pas tout compris... Tu peux traduire?
Heike Oui, il faut 200 grammes de farine, ____________________
____
____
____
Armand Merci!

3. Setzen Sie im Dialog die Mengenangaben richtig ein. In welchem Laden kauft der Mann ein? Kreuzen Sie das richtige Bild an.

☐

☐

☐

un litre de | pas de | 250 grammes de | deux pots de | grammes d' | du | un morceau de | de

- Bonjour, je voudrais 100 ______________ emmental, s'il vous plait. Et qu'est-ce que vous pouvez me recommander?
- Je vous recommande le roquefort, il est en promotion.
- Alors je prends ______________ roquefort, ______________ yaourts et ______________ lait. Vous avez ______________ beurre de Normandie?
- Non, je n'ai ______________ beurre de Normandie mais des Charentes. Vous voulez combien ______________ beurre?
- ______________ beurre, s'il vous plait. C'est tout. Cela fait combien?

4. Beim Einkaufen. Ordnen Sie die Wörter zu sinnvollen Sätzen.

a. en / de / promotion / jus / litre / d'orange / est / le

____

b. des / acheter / il / faut / aussi / bananes

____

c. il / plus / raclette / supermarché / n'y a / de / au

____

la pâte	Teig	le bol	Trinkschale
la pincée	Prise	traduire	übersetzen
la cuillère	Löffel	recommander	empfehlen
la levure	Backpulver, Hefe	en promotion	im Angebot
la noisette	Haselnuss	les Charentes	frz. Region am Atlantik
le sachet	Päckchen		

7 Possessivbegleiter

Die Possessivbegleiter (besitzanzeigende Fürwörter) drücken einen Besitz oder eine Zugehörigkeit aus. Sie stehen immer vor einem Substantiv, das man besitzt:

ma *robe* **mein** Kleid ***ton*** *livre* **dein** Buch

Wie die Artikel richten sie sich in Geschlecht (Genus) und Zahl (Numerus) nach dem Substantiv, vor dem sie stehen. Achten Sie aber auch auf die Anzahl der Besitzer.

START

Aschenputtels Familie. Lesen Sie den folgenden Text und untersuchen Sie die blau markierten Gruppen (Possessivbegleiter + Substantiv) wie im Beispiel.

Nous, dans *notre famille*, *notre livre* préféré, c'est: « Cendrillon ». Vous connaissez l'histoire ?

Cendrillon est une jeune fille douce et bonne. À la mort de *sa mère*, *son père* s'est remarié avec une femme très arrogante. *Sa belle-mère* a deux filles aussi très arrogantes, Javotte et Anastasie. Cendrillon est *leur servante* à toutes les trois. Elle prépare leurs repas, lave *leurs robes*... *Ses journées* ne sont pas agréables !
Et vous, dans *votre famille*, quel est *votre livre* préféré ?

Beispiel: sa mère → la mère de Cendrillon

a. notre livre → le livre de ________________

b. son père → le père de ________________

c. sa belle-mère → la belle-mère de ________________

d. leur servante → la servante de ________________, de ________________ et d' ________________

e. leurs robes → les robes de ________________, de ________________ et d' ________________

f. ses journées → les journées de ________________

g. votre livre → le livre de ________________

7 Possessivbegleiter

SEHEN

Ergänzen Sie die Possessivbegleiter in der Tabelle.

	vor Substantiven in der Einzahl		vor Substantiven in der Mehrzahl	
	männlich	**weiblich**		
ein Besitzer	**mon** père	**ma** mère	**mes** journées	mein/e
	ton père	**ta** mère	**tes** journées	dein/e
	______ père	______ mère	______ journées	sein/e, ihr/e
mehrere Besitzer	______ livre	______ famille	**nos** repas / robes	unser/e
	______ livre	______ famille	**vos** repas / robes	euer/re, Ihr/e
	leur livre	______ servante	______ repas / robes	ihr/e

VERSTEHEN

Ergänzen Sie nun die Regeln mithilfe der Tabelle.

- Vor männlichen Substantiven in der Einzahl stehen ______, ______ und ______ für einen Besitzer;
  vor weiblichen Substantiven stehen ______, ______ und ______.
- Für mehrere Besitzer lauten die Possessivbegleiter in der Einzahl ______, ______ und ______ – unabhängig vom Geschlecht des folgenden Substantivs.
- In der Mehrzahl sind die Begleiter für weibliche und männliche Substantive auch gleich:
  ______, ______ und ______ für einen Besitzer,
  ______, ______ und ______ für mehrere Besitzer.
- Anders als im Deutschen spielt das Geschlecht des Besitzers keine Rolle bei der Wahl der Possessivbegleiter *son*, *sa*, *ses*. Diese Possessivbegleiter richten sich ausschließlich nach dem Geschlecht des folgenden Substantivs, „sein/e" und „ihr/e" werden also gleich übersetzt:
  sein/ihr Vater: ______ *père* seine/ihre Mutter: ______ *mère*

! Zur Aussprache-Erleichterung werden *ma*, *ta*, *sa* vor weiblichen Substantiven, die mit einem Vokal oder stummem h anfangen, durch *mon*, *ton*, *son* ersetzt:

mon idée	meine Idee
ton adresse	deine Adresse
son amie	seine/ihre Freundin

ANWENDEN

1. Streichen Sie das/die Substantiv(e) durch, die nicht zum angegebenen Possessivbegleiter passen.

a. nos	familles	filles	ami
b. ta	robe	livre	illustrations
c. mes	frères	belle-mère	filles
d. leurs	mariage	adresse	journées
e. son	amie	père	princesse
f. votre	servante	animaux	idée

2. Verbinden Sie die Satzteile zu sinnvollen Sätzen. Markieren Sie dann den Besitzer und den Possessivbegleiter.

1. Regarde, j'ai un livre de Cendrillon,
2. Le prince parle de
3. Nous fêtons
4. Tu aides souvent
5. Vous prenez
6. Marie aime aussi Cendrillon,

a. c'est son film préféré.
b. tes parents dans leur librairie ?
c. c'est mon livre préféré.
d. son mariage à ses parents.
e. notre mariage en juin !
f. vos livres à la bibliothèque ?

3. Mein liebstes Märchenbuch. Wählen Sie die passenden Possessivbegleiter aus und übersetzen Sie sie.

◆ Voici donc ☐ mes / ☐ ton livre préféré! — ________ *Lieblingsbuch*

○ Oui, regarde, ☐ leur / ☐ ses illustrations sont géniales! — ________ *Illustrationen*

◆ Ici, c'est Cendrillon avec ☐ sa / ☐ leur famille ? — *mit* ________ *Familie*

○ Mais, non, c'est ☐ sa / ☐ son père — ________ *Vater*

avec ☐ sa / ☐ votre nouvelle femme — *mit* ________ *neuen Ehefrau*

et ☐ leurs / ☐ ses belles-filles, — *und* ________ *Stieftöchtern*

Javotte et Anastasie.

- ◆ Et là, c'est □ leur / □ son maison? _______ *Haus*
- ○ Oui. Ils habitent tous dans cette maison.
- ◆ Mais où est Cendrillon?
- ○ Elle est ici avec □ ses / □ nos amis, les animaux; *mit* _______ *Freunden*
  et là, avec le prince pour □ leur / □ leurs mariage. *für* _______ *Hochzeit*

! Da die Höflichkeitsform im Französischen der 2. Person Plural (ihr/Sie) entspricht (siehe Kapitel 18), haben die Possessivbegleiter „euer/re" und „Ihr/e" dieselben Formen: *votre* in der Einzahl, *vos* in der Mehrzahl.

4. Auf einer Hochzeit. Vervollständigen Sie den Dialog zwischen zwei Hochzeitsgästen mit den angegebenen Possessivbegleitern.

mes nos son votre mon ses
notre vos son ma

- ◆ Bonsoir, je suis Antoine, un cousin du marié.
- ● Bonsoir, moi, c'est Maeva. Vous êtes _______ cousin de quel côté?
- ◆ _______ père et _______ père sont frères.
- ● Ah, d'accord! Je ne connais pas _______ père mais je connais le père du marié et _______ tantes. Quelle famille!
- ◆ Oui, _______ famille aime bien s'amuser. _______ cousines sont toujours les premières pour faire la fête. Et vous, vous êtes…?
- ● Je suis une amie de la mariée, une de _______ amies d'enfance. Nous avons fait _______ scolarité et _______ premières années d'université ensemble!

Cendrillon	Aschenputtel	donc	also
doux / douce	gutartig	le marié / la mariée	Bräutigam / Braut
se remarier	wieder heiraten	le côté	Seite
la belle-mère	Stiefmutter	l'enfance *w*	Kinderzeit
la servante	Dienerin	la scolarité	Schulzeit
le mariage	Hochzeit		

★ 8 Demonstrativbegleiter

Die Demonstrativbegleiter (hinweisende Fürwörter) weisen auf bestimmte Personen oder Gegenstände hin:

ce quartier **dieser** Stadtteil

Wie im Deutschen richten sie sich in Geschlecht (Genus) und Zahl (Numerus) nach dem Substantiv, auf das sie hinweisen.

START

Wohnungssuche in Paris. Markieren Sie im folgenden Dialog die Demonstrativbegleiter *ce*, *ces*, *cet* und *cette*.

- ◆ Nico, regarde cette annonce : « À louer : appartement, 2 pièces, 38 m², quartier de l'Odéon, 1300 euros. »
- ● L'Odéon ? Ce quartier est super. Et pour ce prix... Tu as le nom de la rue ?
- ◆ Non, mais regarde ces photos. C'est dans cet immeuble.
- ● Ah oui, je reconnais cette rue, avec cet hôtel et ces magasins...

SEHEN

Ordnen Sie nun die Demonstrativbegleiter in die Tabelle ein.

	männliche Substantive		weibliche Substantive
	mit Konsonant	mit Vokal / stummem h	
Einzahl	_______ quartier _______ prix	_______ immeuble _______ hôtel	_______ annonce _______ rue
Mehrzahl	_______ magasins	ces arbres	_______ photos

VERSTEHEN

Ergänzen Sie die Regeln anhand der Tabelle.

- Vor allen weiblichen Substantiven in der Einzahl steht: __________ .
- Vor männlichen Substantiven gibt es in der Einzahl zwei Formen:
  __________ vor Wörtern, die mit Konsonant anfangen,
  __________ vor Wörtern, die mit Vokal oder stummem h anfangen.
- Vor Substantiven in der Mehrzahl lautet der Demonstrativbegleiter __________ .

8 Demonstrativbegleiter

ANWENDEN

1. Eine Wohnungsbesichtigung. Vervollständigen Sie die folgenden Sätze mit den passenden Demonstrativbegleitern. Verbinden Sie sie anschließend mit den Antworten.

ce | cette | cet | ces | cette

1. Quelle est la surface de ______ pièce?	a. Elles ont 5 ans.
2. J'aime beaucoup ______ quartier.	b. Elle est assez grande. 16 m².
3. ______ ascenseur fonctionne bien?	c. Oui, il n'est jamais en panne.
4. ______ fenêtres sont neuves?	d. Elle est fonctionnelle, c'est sûr!
5. ______ cuisine est géniale.	e. Moi aussi. Il est très agréable.

Im Gegensatz zum Deutschen beschreiben die Demonstrativbegleiter auch Zeitabschnitte des laufenden Jahres bzw. Tages, an dem man spricht.

ce matin heute Morgen
ce soir heute Abend

2. Einen Umzug vorbereiten. Kreuzen Sie in der E-Mail das passende Substantiv an.

An: Bestfriend@cloudi.com
Betreff: Bientôt à Paris

Salut Nico,
Je prends l'appartement quartier de l'Odéon! Tu sais ☐ cet / ☐ ce appartement à 1300 euros?! Il est génial et à 15 minutes de mon travail. Mon bureau est dans ☐ cet / ☐ cette maison jaune sur les photos… Tu es là en juillet? Je voudrais déménager ☐ ce / ☐ cet été. En ☐ cette / ☐ ce moment, je n'ai pas le temps. Je vais à ☐ cette / ☐ ces cours de coach en décoration. Je te téléphone ☐ cette / ☐ ce soir.
À plus,
Julien

! Vorsicht: Steht ein Adjektiv zwischen Demonstrativbegleiter und Substantiv, so wird der Demonstrativbegleiter an dieses Adjektiv angepasst:
cet hôtel → *ce charmant hôtel*
ce théâtre → *cet immense théâtre*

3. Am Umzugstag. Formulieren Sie die Sätze wie im Beispiel um.

a. Quel chaos dans cet appartement! (petit)

Quel chaos dans ce petit appartement!

b. Je ne peux pas porter ce carton! (énorme)

____

c. Cet ordinateur marche encore? (gros)

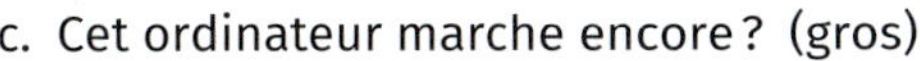

____

d. Tu prends ce fauteuil? (immense)

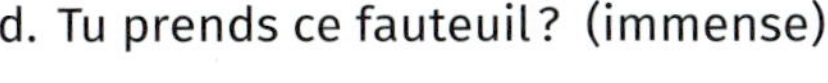

____

e. Qu'est-ce que je fais de ces vases? (horribles)

____

f. Une photo de nous! Ah, cette semaine en Argentine... (inoubliable)

____

! Achten Sie immer gut auf den sprachlichen Zusammenhang. *Ces* (Demonstrativbegleiter), *ses* (Possessivbegleiter – siehe Kapitel 7) und *c'est* (siehe Kapitel 22) haben ganz unterschiedliche Bedeutungen, sie werden aber gleich ausgesprochen.

l'annonce *w*	Anzeige	neuf / neuve	neu
à louer	zu mieten	déménager	umziehen
la pièce	Zimmer	immense	riesig
l'immeuble *m*	Gebäude	l'ordinateur *m*	Computer
la surface	Wohnfläche	inoubliable	unvergesslich
l'ascenseur *m*	Aufzug		

★ 9 Indefinitbegleiter

Die Indefinitbegleiter (unbestimmte Fürwörter) beschreiben nicht näher bestimmte Mengen oder drücken eine unbestimmte Anzahl aus. Wie alle Begleiter stehen sie immer vor einem Substantiv. Zum Beispiel:

***chaque** jour* — **jeden** Tag
***quelques** amis* — **einige** Freunde
***toute** la ville* — die **ganze** Stadt

START

Das Internationale Rote Kreuz und der Rote Halbmond. Unterstreichen Sie im folgenden Text die oben erwähnten Indefinitbegleiter plus Substantive.

Quelques phrases à propos du Mouvement international de la Croix-Rouge et du Croissant-Rouge. Tout le monde connait ce mouvement et ses organisations humanitaires. Toutes les organisations ont un objectif: protéger la vie et la santé de chaque homme, chaque femme et chaque enfant. Elles sont présentes dans presque tous les pays du monde et fonctionnent toute l'année avec quelques permanents et des bénévoles.

Fédération internationale
des Sociétés de la Croix-Rouge et du Croissant-Rouge

SEHEN

Ordnen Sie die oben markierten Indefinitbegleiter in die Tabelle ein.

	vor Substantiven in der Einzahl		vor Substantiven in der Mehrzahl	
	männlich	**weiblich**	**männlich**	**weiblich**
chaque jede/r	______ homme ______ enfant	______ femme		
quelque einige	**quelque** temps	**quelque** chose (etwas)	______ permanents	______ phrases
tout ganz/alle	______ le monde	______ l'année	______ les pays	______ les organisations

VERSTEHEN

Ergänzen Sie nun die Regeln, indem Sie die richtige Aussage wählen.

- *Chaque* ist ☐ veränderlich ☐ unveränderlich und steht nur vor Substantiven in der ☐ Einzahl. ☐ Mehrzahl.
- *Quelque* hat zwei Formen, die sich nach ☐ dem Geschlecht ☐ der Zahl des folgenden Substantivs richten.
- *Tout* ist ☐ veränderlich ☐ unveränderlich und gleicht sich dem Substantiv an, vor dem es steht. Zwischen *tout* und dem Substantiv steht meist noch ein weiterer Begleiter.

! *Tout* wird sehr häufig verwendet, insbesondere in Redewendungen:

tout le monde	alle	*tout de suite*	sofort
tous les deux	beide	*à tout à l'heure*	bis dann

ANWENDEN

1. Möchten Sie Teil der Rotkreuz-Familie werden? Ergänzen Sie mit der passenden Form von *tout* und den bestimmten Artikeln.

Vous recherchez une activité bénévole à la Croix-Rouge ? Rendez-vous sur le site web de l'organisation.

1. Téléchargez ____________ ______ programme d'activités.
2. Répondez à ____________ ______ questions du formulaire.
3. Cochez ____________ ______ activités intéressantes pour vous et ____________ ______ régions où vous pouvez travailler.
4. Notez quand vous êtes libre : ____________ ______ journée, ____________ ______ semaines, ____________ ______ été ?
5. Envoyez vos réponses.

! Der Begleiter nach *tout* kann wie in unseren Beispielen der bestimmte Artikel sein, aber auch ein Possessivbegleiter, ein Demonstrativbegleiter oder in der Einzahl ein unbestimmter Artikel:

tous ses journaux	alle seine / ihre Zeitungen
toute cette semaine	diese ganze Woche
toute une après-midi	einen ganzen Nachmittag

2. Pierre ist seit Kurzem Rentner. Kreuzen Sie im Text die passenden Indefinitpronomen an.

Je suis à la retraite. J'ai ☐ tout / ☐ chaque mon temps! ☐ Tous / ☐ Quelques les mardis, je vais à l'école, j'aide ☐ toute / ☐ quelques enfants qui ont des problèmes de lecture. Je joue aux cartes avec des amis ☐ tout / ☐ chaque mercredi. Je retrouve aussi mon ami Simon pour un tennis ☐ toutes / ☐ quelques heures par semaine. Mes petits-enfants viennent à la maison, nous passons ☐ quelques / ☐ toutes heures ensemble, à ☐ quelque / ☐ chaque fois, nous nous amusons bien!

3. Übersetzen Sie die markierten Ausdrücke ins Deutsche.

a. **Depuis quelque temps,** je vais à l'école.

___

b. **Quelques personnes** aident les enfants en lecture.

___

c. La bibliothèque est ouverte **tous les jours**.

___

d. Samuel travaille ici **quelques jours par semaine**.

___

e. **Quelques enfants** viennent **chaque semaine** à la bibliothèque.

___

la phrase	Satz	le permanent	ständiger Mitarbeiter
l'organisation humanitaire *w*	Hilfsorganisation	le bénévole	Ehrenamtlicher
		télécharger	herunterladen
l'objectif *m*	Ziel	cocher	ankreuzen
protéger	schützen	envoyer	abschicken
presque	fast	la retraite	Ruhestand

10 Formen und Angleichung

Adjektive drücken Eigenschaften von Personen oder Dingen aus. Ein Adjektiv anzugleichen heißt, seine Form in Geschlecht und Zahl an das Substantiv anzupassen, auf das es sich bezieht. Im Französischen werden Adjektive immer angeglichen: *La maison est **bleue**.*

▸◂ Da das Französische keine Fälle kennt und eher Präpositionen benutzt, gibt es keine verschiedenen Fall-Endungen wie im Deutschen: *une voiture rapide* (ein schnell**es** Auto), *avec une voiture rapide* (mit einem schnell**en** Auto).

START

Notre maison. Unterstreichen Sie die 8 Adjektive im Text.

La maison est de 1920, mais elle est bien isolée. Il y a trois chambres bleues et vertes, elles sont très agréables. La cuisine jaune est assez moderne. Le salon est un peu sombre mais le jardin derrière est très agréable!

SEHEN

Ergänzen Sie jetzt die Tabelle mit den markierten Adjektiven und vergleichen Sie die Endungen.

männlich		**weiblich**		
Einzahl	**Mehrzahl**	**Einzahl**	**Mehrzahl**	
isol**é**	isol**és**	___________	isol**ées**	isoliert
bleu	bleu**s**	bleu**e**	___________	blau
vert	vert**s**	vert**e**	___________	grün
jaune	jaune**s**	___________	jaune**s**	gelb
moderne	moderne**s**	___________	moderne**s**	modern
___________	sombre**s**	sombre	sombre**s**	dunkel
___________	agréable**s**	agréable	___________	angenehm

VERSTEHEN

Ergänzen Sie nun die folgenden Regeln und kreuzen Sie an.

- Grundregel: Die weibliche Form wird durch Anhängen von ______ an die männliche Form gebildet. Ein stummer Endkonsonant der männlichen Form wird dadurch hörbar: *vert*, *verte*
- Endet die männliche Form wie bei *jaune* bereits auf ______ , wird ☐ ein ☐ kein weiteres *-e* angehängt.
- Die Mehrzahl wird wie bei den Substantiven (siehe Kapitel 2) durch Anhängen von ______ oder *-x* gebildet. Die weibliche Pluralform endet also auf ______ .
- In der Regel steht das Adjektiv ☐ vor ☐ nach dem Substantiv.

Die meisten Farbadjektive bilden ihre Formen wie andere Adjektive: *rouge* (rot), *gris/-e* (grau). Doch *blanc/blanche* (weiß) ist unregelmäßig und einige Farbadjektive sind unveränderlich, wie: *orange* und *marron* (braun). Farbadjektive stehen immer nach dem Substantiv: *une chambre bleue* (ein blaues Zimmer).

ANWENDEN

1. Ordnen Sie die männlichen Adjektive in die Tabelle ein und bilden Sie – wenn nötig – die weibliche Form.

~~marié~~ tranquille préféré intéressant gratuit organisé romantique célèbre équipé jeune gris froid moderne compliqué vert

männliche Form = weibliche Form	Adjektive mit männlicher und weiblicher Form	
	männliche Form endet auf Konsonant	männliche Form endet auf *-é*
______	______	marié, mariée
______	______	______
______	______	______
______	______	______
______	______	______

2. Ergänzen Sie die Endungen und gleichen Sie, wenn nötig, die Adjektive an.

J'adore visiter les maisons des personnes célèbre___. La maison de Claude Monet à Giverny près de Rouen est ma maison préféré___. Elle est très tranquille___, avec des chambres romantique___. La cuisine bleu___ est très pratique___ et bien organisé___. La salle à manger blanc___ et jaune___ est élégant___. Bien sûr, la visite n'est pas gratuit___.

! Wenn sich ein Adjektiv auf zwei Substantive bezieht, gelten folgende Regeln:

- zwei männliche Substantive → das Adjektiv ist männlich Mehrzahl: *un salon et un bureau bien équipés*
- zwei weibliche Substantive → das Adjektiv ist weiblich Mehrzahl: *une maison et une cuisine bien équipées*
- Zwei Substantive mit unterschiedlichem Geschlecht → das Adjektiv ist männlich Mehrzahl: *une maison et un salon bien équipés*

3. Welche Adjektive passen nicht zu den genannten Substantiven?

a. une cuisine	bien équipée	modernes	tranquille	rose
b. un salon et une salle à manger	calme	élégantes	bien isolés	orange
c. un peintre	mariés	riche	intelligente	célèbre
d. la chambre et la salle de bains	sombres	romantique	blanches	froides

4. Ein neues Zimmer. Kreuzen Sie die passende Form des Adjektivs an.

◆ Regarde, j'ai refait ma chambre. J'ai choisi des rideaux ☐ bleues / ☐ bleus et une table de nuit ☐ blanc / ☐ blanche. Elle est très ☐ jolie / ☐ joli maintenant!

○ Où est-ce que tu as trouvé ces coussins? Ils sont très ☐ élégants / ☐ élégantes!

◆ Au centre-ville, rue des Temples, c'est mon magasin ☐ préférée / ☐ préféré. Ils ont des meubles et des articles de décoration ☐ amusant / ☐ amusants.

préféré/-e	Lieblings...	refaire	renovieren
célèbre	berühmt	le rideau	Vorhang
équipé/-e	ausgestattet	le coussin	Kissen
tranquille	ruhig, friedlich		

11 Stellung und die Adjektive *beau, nouveau, vieux*

Die meisten Adjektive stehen nach dem Substantiv. Entdecken Sie jetzt die wenigen Adjektive, die vor dem Substantiv stehen, sowie die besonderen Formen von *beau* (schön), *nouveau* (neu) und *vieux* (alt).

START

Elisabeth hat ein Haus besichtigt und erzählt davon. Unterstreichen Sie die 12 weiteren Adjektive, die vor einem Substantiv stehen.

- ◆ Alors, tu as visité la maison ? C'est une vieille maison ?
- o Oui, et c'est une très jolie maison... Il y a aussi un beau jardin avec un vieil arbre.
- ◆ La maison est en bon état ?
- o Oui, oui, il y a même un nouveau chauffage. Dans le salon, il y a un vieux parquet, et il y a un bel escalier pour aller dans les chambres.
- ◆ Il y a combien de chambres ?
- o Deux grandes chambres et une petite pièce. Il y a aussi une nouvelle salle de bains...
- ◆ C'est cher ?
- o Ils demandent un bon prix, en plus il n'y a pas de gros travaux à faire... C'est le rêve !

SEHEN

Im Dialog haben Sie verschiedene Formen von *beau*, *nouveau*, *vieux* markiert. Fügen Sie sie in die Tabelle ein.

männlich			weiblich	
Einzahl	**vor Vokal oder stummem h**	**Mehrzahl**	**Einzahl**	**Mehrzahl**
________	________	beaux	**belle**	**belles**
________	**nouvel**	nouveaux	________	**nouvelles**
________	________	**vieux**	________	**vieilles**

VERSTEHEN

Ergänzen Sie nun die Regeln.

- *Beau, nouveau* und *vieux* haben in der Einzahl eine weitere männliche Form: *b*________, *n*________ und *v*________ stehen vor männlichen Substantiven mit Vokal oder stummem h.
- Nur wenige kurze, gebräuchliche Adjektive stehen **vor** dem Substantiv. Ergänzen Sie mit den Adjektiven aus dem Text: ________ (gut), ________ (groß), ________ (dick, schwer), *haut* (hoch), ________ (hübsch), *long* (lang), *mauvais* (schlecht), ________ (klein) und ________ (schön), ________ (neu), ________ (alt).

! Vor einem Adjektiv wird *des* zu *de*:
Il y a ~~des~~ belles chambres. → *Il y a de belles chambres.*

ANWENDEN

1. **Ergänzen Sie die Sätze mit dem passenden Adjektiv.**

vieil | vieille | vieux | nouveau | nouvelle | beaux | très belles | beau

a. ◆ Tu veux vraiment une ____________ cuisine?
   ○ Oui, mais on garde la ____________ table pour le salon.

b. ■ J'aime ce très ____________ arbre dans mon jardin.
   ● Tu as raison, il est très ____________.

c. ◆ Je voudrais un ____________ canapé et de ____________ coussins!
   ◻ Et regarde, j'ai trouvé de ____________ lampes chez l'antiquaire.

d. ● Tu prends cette étagère pour tes ____________ livres?
   ■ Non, je donne mes livres.

2. Bringen Sie die Sätze in die richtige Reihenfolge.

a. une / Il y a / grand / belle / et / salon / chambre / un

____

b. notre / trouvé / rideaux / maison, / j'ai / de / nouvelle / Pour / jolis

____

c. toujours / vieille / travaux / Il y a / de / maison / dans / nouveaux / une

____

____

d. pièce / petite / bureau / C'est / une / idéale / un / pour

____

e. moderne / belles / J'ai adoré / les / grand / romantiques / bar / chambres / le / et

____

____

3. Auf dem Trödelmarkt. Kreuzen Sie die passende Form an.

◆ Regarde, j'ai trouvé de ☐ vieilles / ☐ vieux trucs chez ma grand-mère. Une chaise encore en ☐ bonne / ☐ bon état, une ☐ belle / ☐ beau lampe rétro, quatre ☐ vieil / ☐ vieux livres et une ☐ belles / ☐ belle affiche, de ☐ vieux / ☐ vieilles bijoux et trois ☐ beaux / ☐ beau bols bleus, six ☐ vieux / ☐ vieilles tasses et une ☐ beau / ☐ belle paire de chaussures rouges... Il y a aussi un

☐ vieux / ☐ vieil ordinateur, de ☐ belles / ☐ beaux lunettes de soleil et une ☐ vieil / ☐ vieille jupe verte ! Génial, non ?

○ Et qu'est-ce que tu veux faire avec toutes ces ☐ vieux / ☐ vieilles choses ?

◆ Je vais les vendre au vide-grenier samedi !

en bon état	in gutem Zustand	le coussin	Kissen
le chauffage	Heizung	l'étagère *w*	Regal
l'escalier *m*	Treppe	le rideau	Vorhang
la pièce	Zimmer	le truc	Ding
les gros travaux	schwere Renovierungs-arbeiten	l'affiche *w*	Plakat
		le bol	Trinkschale
garder	*hier:* behalten	le vide-grenier	Trödelmarkt

★ 12 Besonderheiten

Mehrere Adjektive zeigen Besonderheiten bei der Bildung der weiblichen Form oder der Pluralform. Sie weichen also von den Grundregeln ab, die Sie in Kapitel 10 kennengelernt haben. Aber keine Sorge, auch die Besonderheiten folgen einfachen Regeln.

START

Unterstreichen Sie die 10 Adjektive in der Werbung eines Reiseveranstalters.

Vous voulez visiter des pays d'Afrique ou d'Asie ?

Regardez notre programme :
nous sommes les premiers voyagistes européens.

Nous proposons :

- des hôtels coquets, avec un personnel discret
- des restaurants avec des spécialités délicieuses
- des visites avec un guide régional
- des activités sportives et créatives
- la découverte de nombreuses traditions.

Tout cela à un prix exceptionnel !
Contactez-nous !

12 Besonderheiten

SEHEN

Sortieren Sie jetzt die markierten Adjektive in die Tabelle ein und vergleichen Sie die Endungen, die Sie noch nicht kennen.

	männlich		weiblich	
	Einzahl	**Mehrzahl**	**Einzahl**	**Mehrzahl**
1	______	exceptionnels	exceptionnelle	exceptionnelles
	européen	______	européenne	européennes
	coquet	______	coquette	coquettes
	gros	gros	grosse	grosses
2	délicieux	délicieux	délicieuse	______
	nombreux	nombreux	nombreuse	______
3	sportif	sportifs	sportive	______
	créatif	créatifs	créative	______
4	______	régionaux	régionale	régionales
5	______	discrets	discrète	discrètes
	premier	______	première	premières

VERSTEHEN

Ordnen Sie den folgenden Regeln die passende Nummer aus der Tabelle zu.

- Die weibliche Form von *-eux* ist *-euse*. Nr. ____
- Die weibliche Form von *-er*, *-et* ist *-ère*, *-ète*. Nr. ____
- Der Endkonsonant verdoppelt sich bei *-el*, *-en*, *-on*, *-s*, *-et*. Nr. ____
- Die weibliche Form von *-f* ist *-ve*. Nr. ____
- *-al* wird in der Form männlich Mehrzahl meist zu *-aux*. Nr. ____

! Beachten Sie die zwei Möglichkeiten bei *-et*:
discret / discrète und *coquet / coquette*.
Und auch die Ausnahmen: *doux / douce* (sanft), *faux / fausse* (falsch).

ANWENDEN

1. Notieren Sie neben den Adjektiven die Musternummer der Regel.

a. actuel ____	f. cher ____	k. dangereux ____
b. étranger ____	g. original ____	l. dernier ____
c. brésilien ____	h. amoureux ____	m. italien ____
d. heureux ____	i. bon ____	n. familial ____
e. végétarien ____	j. positif ____	o. bas ____

2. Sind Sie ein Globetrotter? Machen Sie den Test und gleichen Sie, wenn nötig, die Adjektive an. Die Testauswertung finden Sie auf der nächsten Seite.

Faites le test : Êtes-vous un vrai globetrotteur ?

a. ☐ Avez-vous déjà visité des iles breton_____ ? L'ile d'Ouessant ou l'ile de Sein ?

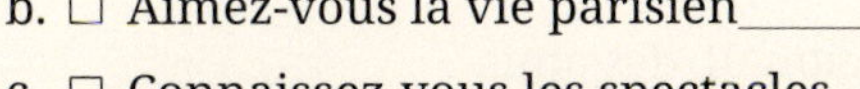

b. ☐ Aimez-vous la vie parisien_____ ?

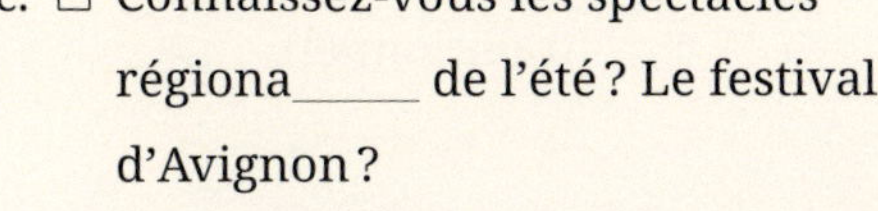

c. ☐ Connaissez-vous les spectacles régiona_____ de l'été ? Le festival d'Avignon ?

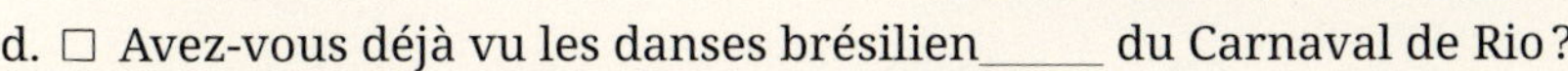

d. ☐ Avez-vous déjà vu les danses brésilien_____ du Carnaval de Rio ?

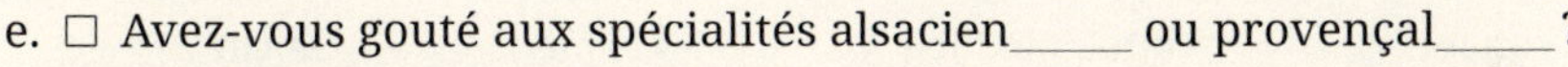

e. ☐ Avez-vous gouté aux spécialités alsacien_____ ou provençal_____ ?

f. ☐ Participez-vous à des activités sporti_____ pendant vos vacances ?

g. ☐ Vous aimez visiter des musées régiona_____, des expositions universel_____ ?

h. ☐ Avez-vous déjà vu des attractions touristique_____ naturel_____ comme les chutes du Niagara ?

3. **Wie viele Fragen in Übung 2 können Sie bejahen? Ergänzen Sie das Testergebnis.**

Plus de 6 oui ?

Vous êtes ________________ (amoureux) du monde entier ! Un/e __________ (vrai) globetrotter ! Vous aimez les rencontres ________________ (interculturel), votre valise est ________________ (léger), vous avez l'esprit ________________ (aventureux).

Entre 6 et 4 oui ?

Vous êtes très________________ (curieux). Vous aimez regarder des spectacles ________________ (amusant), ________________ (original) et ______________ (traditionnel). Vous préférez un weekend ________________ (reposant) en Alsace ou des vacances ________________ (sportif) en montagne.

Moins de 4 oui ?

Vous préférez les vacances ________________ (familial). Vous êtes fan des hôtels ________________ (régional), des amis ________________ (accueillant) et des fêtes ________________ (traditionnel).

le voyagiste	Reiseveranstalter	l'attraction *w*	Sehenswürdigkeit
coquet/-te	eitel, niedlich	léger / légère	leicht
nombreux/-se	zahlreich	aventureux/-se	abenteuerlustig
bas/-se	tief	reposant/-e	entspannend
l'exposition *w*	Ausstellung	accueillant/-e	freundlich

★ 13 Steigerung – Komparativ

Mit dem Komparativ (erste Steigerungsstufe) werden Eigenschaften miteinander verglichen. Adjektive werden im Französischen auch im Komparativ immer angeglichen (siehe Kapitel 10) und fast alle bilden die Vergleichsstufe regelmäßig.

Paul est ***aussi grand que*** *Marc, mais Paul et Marc sont* ***plus grands qu'****Henri.*
Paul ist **genauso groß wie** Marc, aber Paul und Marc sind **größer als** Henri.

START

Im Fahrradgeschäft. Achten Sie im folgenden Dialog auf die in Blau markierten Vergleichsformen.

- ◆ Bonjour, Monsieur. Je cherche un vélo pour moi.
- ○ Bonjour, Madame. D'accord. Voici déjà ces deux modèles. Le modèle vert est *plus bas que* le modèle bleu. Il est donc peut-être *plus pratique* pour une dame. Mais le vélo bleu est *moins lourd* et *moins cher que* le vert.
- ◆ Et pour le confort ?
- ○ Pour moi, le vélo bleu est *aussi confortable que* le vert.

SEHEN

Ordnen Sie die oben stehenden Komparativformen in der Tabelle ein und übersetzen Sie sie.

Komparativ	Beispiel	Übersetzung
Ungleichheit (+ oder –)	plus bas que	niedriger als
	___	___
	___	___
	___	___
Gleichheit (=)	___	___

VERSTEHEN

Ergänzen Sie nun die Regeln zur Bildung des Komparativs.

- Den Komparativ bildet man wie folgt:

  \+ ___ (mehr)
  – ___ (weniger) } + Adjektiv + *que*
  = ___ (genauso)

- Das Vergleichswort nach dem Adjektiv ist immer ___ (wie / als), bzw. *qu'* vor Vokal oder stummem h. *Que* kann aber auch wegfallen.

13 Steigerung – Komparativ

! Achtung, der Komparativ von *bon* (gut) heißt *meilleur* (besser):
Le vin rouge est meilleur que le vin blanc. Der Rotwein ist besser als der Weißwein.
Man sagt also nie ~~*plus bon*~~!

ANWENDEN

1. Normale Fahrräder oder E-Bikes? Ergänzen Sie die Vergleichssätze mit den passenden Vergleichselementen und Adjektiven.

Acheter un vélo électrique, pourquoi pas?
Le vélo électrique est plus rapide que le vélo traditionnel.
Le vélo électrique est ____________ ________ (– / fatigant) le vélo traditionnel.
Mais il est ____________ (+ / lourd) et ____________ (+ / cher).
Le vélo classique est ____________ (– / rapide) le vélo électrique mais il est ____________ (+ / bon) pour la santé et ____________ (+ / bon) marché pour les réparations.
Une chose est sure, le vélo électrique est ____________ (= / bon) le vélo traditionnel pour la nature et est ____________ (+ / économique) la voiture.

Anders als im Deutschen wird im Französischen der Komparativ mit *moins* häufig verwendet. Ins Deutsche übersetzt man aber meist mit der positiven Wendung:
*Henri est **moins grand que** Paul.* Henri ist kleiner als Paul. (weniger groß)
*Le vélo bleu est **moins cher**.* Das blaue Fahrrad ist billiger. (weniger teuer)

2. Ist es eine gute Idee, ein Fahrrad übers Internet zu kaufen? Bilden Sie ganze Sätze. Tipp: Der Satzanfang steht schon an der richtigen Stelle.

a. En magasin / moins / est / le choix / grand / sur Internet / que

____

b. Les conseils / sérieux / sont / plus / d'un professionnel

____

c. Mais / meilleur / les vélos / sont / marché / sur Internet

____

d. Il / facile / d'acheter à l'étranger / est / dans son pays / que / aussi

____

e. Sur les photos / joli / qu' / le vélo / peut être / plus / en réalité

____

3. Mit dem Fahrrad in Berlin und Paris. Wählen Sie die richtige Form aus. Achten Sie auf die Vergleichselemente und die Angleichung des Adjektivs.

Berlin
Superficie : 892 km²
Température moyenne : 10 °C
Pistes cyclables : env. 6000 km
Système de vélos en libre-service :
- depuis 2016
- nombre de stations : env. 850
- nombre de vélos : env. 5500

Paris
Superficie : 105 km²
Température moyenne : 13 °C
Pistes cyclables : env. 700 km
Système de vélos en libre-service :
- depuis 2007
- nombre de stations : env. 1250
- nombre de vélos : env. 20 000

À Berlin, les pistes cyclables sont ☐ plus nombreuses / ☐ moins nombreuses qu'à Paris. Mais, attention, la ville de Paris est ☐ plus petit / ☐ moins grande que la ville de Berlin. Le système de vélos en libre-service est cependant ☐ plus important / ☐ plus importants à Paris. Il est ☐ moins récent / ☐ plus vieille et propose un ☐ plus petit / ☐ plus grand nombre de stations et de vélos. En plus, en général, les températures sont ☐ aussi chaudes / ☐ plus chaudes dans la capitale française que dans la capitale allemande.

bas/-se	niedrig	env. (environ)	ca.
économique	kostensparend	la piste cyclable	Fahrradweg
le choix	Wahl	le système de vélos en libre-service	Fahrradverleihsystem
le conseil	Ratschlag		
sérieux/-euse	zuverlässig	cependant	dennoch
la superficie	Fläche	récent/-e	neu
la température moyenne	Durchschnittstemperatur		

★ 14 Steigerung – Superlativ

Der Superlativ ist die höchste Steigerungsstufe (zweite Steigerungsstufe) des Adjektivs. Auch der Superlativ wird in Geschlecht und Zahl immer an das Bezugswort angeglichen.
*L'éléphant est l'animal terrestre **le plus grand** de la planète.*
Der Elefant ist **das größte** Landtier der Welt.

START

Haustiere. Achten Sie im folgenden Text auf die blau markierten Elemente des Superlativs.

Savez-vous qu'il y a en France *la plus grande* population d'animaux de compagnie d'Europe? Les animaux *les plus populaires* sont les chiens et les chats. Mais les poissons sont *les plus nombreux*. Le poisson est l'animal *le moins cher* mais ce n'est pas l'animal *le plus intéressant*. Les espèces *les plus intéressantes* et *les moins difficiles* à entretenir seraient… les serpents!

SEHEN

Ordnen Sie die obenstehenden Superlative in die Tabelle ein.

Superlativ	Beispiel	Übersetzung
plus (++)	la plus grande	die größte
	______	die beliebtesten
	______	die zahlreichsten
	______	das interessanteste
	______	die interessantesten
moins (--)	______	das billigste
	______	die am wenigsten schwierigen

VERSTEHEN

Ergänzen Sie nun die Regeln und deren Beispiele.

- Der Superlativ wird gebildet mit: ++ *le/la/les* + ________ } + Adjektiv
  –– *le/la/les* + ________
- Adjektive, die normalerweise vor dem Bezugswort stehen (siehe Kapitel 11), können im Superlativ vor oder hinter dem Substantiv stehen:
  ________ ________ ________ *population* = *la population* ***la plus grande***
- Dem Superlativ folgt in der Regel die Präposition ________ :
  l'animal terrestre ***le plus grand*** ________ *la planète*

! Achtung, der Superlativ von *bon* (gut) heißt *le/la/les meilleur/e/s* (der/die/das beste/n):
Le chien est le meilleur ami de l'homme. Der Hund ist der beste Freund des Menschen.

ANWENDEN

1. Ein paar Rekorde. Wählen Sie die richtige Form in den Fragen und ordnen Sie dann die passende Antwort zu.

1. Quelle est la race de chiens ☐ la plus grande / ☐ le plus grand? ______
2. Combien pèse le chat ☐ le plus lourd / ☐ les plus lourds du monde? ______
3. Qui sont les animaux ☐ le moins rapide / ☐ les moins rapides, les chiens ou les chats? ______
4. Quel est l'animal au cou ☐ plus long / ☐ le plus long? ______
5. Quel oiseau a ☐ le plus gros / ☐ les plus gros yeux? ______

a. plus de 20 kilos b. l'autruche c. la girafe d. le Saint-Bernard e. les chats

2. Im Tierfachgeschäft. Ergänzen Sie den Dialog mit den Superlativen. Achten Sie auf die Angleichung des Adjektivs.

◆ Notre fille voudrait un animal de compagnie. Qu'est-ce que vous nous conseillez? Un chat?

● Le chat est l'animal de compagnie ________________________ (++ / populaire) mais c'est un animal autonome.

◆ Alors un chien ?

- Les chiens sont les animaux ______________________ (-- / facile): ils doivent sortir deux à trois fois par jour.
- Hum...
- Avec un enfant, je conseille un cochon d'Inde. Une femelle. Ce sont ______________________ (++ / sensible). Ou bien, éventuellement, un serpent?
- Un serpent?!
- Ce n'est pas l'idée ______________________ (++ / original) de nos jours et ce ne sont pas les amis ______________________ (++ / populaire), mais ce sont ______________________ (++ / intéressant) et ______________________ (-- / difficile)!
- Pour moi, c'est le conseil ______________________ (++ / stupide)!

Wie im Deutschen kann anstatt des bestimmten Artikels auch der Possessivbegleiter verwendet werden: *Mon chien est mon plus fidèle ami.* (Mein Hund ist mein treuester Freund.)

3. Übersetzen Sie.

a. das schönste Geschenk ______________________
b. unsere beste Idee ______________________
c. das billigste Angebot ______________________
d. die schnellsten Tiere der Welt ______________________
e. seine besten Freunde ______________________

l'animal de compagnie *m*	Haustier	le cou	Hals
l'espèce *w*	Art, Rasse	l'autruche *w*	Strauß *(Vogel)*
entretenir	pflegen	conseiller	empfehlen
seraient	wären	le cochon d'Inde	Meerschweinchen
le serpent	Schlange	la femelle	Weibchen
peser	wiegen		

15 Bildung auf *-ment* und ursprüngliche Adverbien

Adverbien beschreiben einen Vorgang oder eine Handlung genauer (Wann / Wo / Wie geschieht etwas?). Sie sind im Französischen unveränderlich und haben eine eigene Form, die meist von einem Adjektiv abgeleitet wird.

Elle est sérieuse.	Sie ist ernsthaft.	(Adjektiv)
*Elle travaille **sérieusement**.*	Sie arbeitet ernsthaft.	(Adverb)

Im Deutschen sehen Adjektive und Adverbien oft gleich aus und sind deswegen manchmal schwierig zu unterscheiden. Adjektive beschreiben Eigenschaften von Substantiven (Wie ist eine Person / Sache?). Sie sind veränderlich.

START

Unterstreichen Sie im Dialog alle Adverbien auf *-ment*.

- ○ Valérie, non ! Du parapente ? C'est ta dernière folie ?
- ◆ Exactement ! Et c'était génialement chouette !
- ○ Tu es complètement folle. Tu vis dangereusement et tu ne penses absolument pas à tes enfants.
- ◆ C'est totalement faux. Ce n'est pas dangereux. Tout est sérieusement contrôlé. Je t'adore mais tu es vraiment trop sérieuse !

SEHEN

Ordnen Sie nun die Adverbien ihrem Adjektiv zu und fügen Sie die zwei fehlenden Adjektivformen ein.

	Adjektiv Einzahl		Adverb auf -ment
	männlich	weiblich	
1	exact	exacte	________
	complet	complète	________
	________	dangereuse	________
	sérieux	________	________
	génial	géniale	________
	total	totale	________
2	absolu	absolue	________
	vrai	vraie	________

15 Bildung auf *-ment* und ursprüngliche Adverbien

VERSTEHEN

Ergänzen Sie nun die Regeln mit der jeweils richtigen Option.

1. Die Endung *-ment* wird meist an die ☐ männliche ☐ weibliche Singularform des Adjektivs angehängt, um das Adverb zu bilden.
2. Endet die männliche Form des Adjektivs auf einen Vokal, wird *-ment* an die ☐ männliche ☐ weibliche Form des Adjektivs angehängt.

! Es gibt nicht nur abgeleitete Adverbien. Einige Adverbien wie *beaucoup* (viel), *longtemps* (lange), *maintenant* (jetzt), *peu* (wenig), *souvent* (oft), *toujours* (immer), *très* (sehr), *trop* (zu viel), *vite* (schnell), *volontiers* (gerne) usw. haben eine eigene „ursprüngliche" Form.

ANWENDEN

1. Ein gesundes Leben. Ergänzen Sie die Sätze mit von den Adjektiven abgeleiteten Adverbien.

a. Sylvie vit ____________________ (sage). Qu'est-ce qu'elle fait ?

b. Elle mange ____________________ (sain) : surtout des fruits et des légumes.

c. Elle boit ____________________ (modéré), elle prend un ou deux verres de vin le weekend.

d. Elle fait du sport ____________________ (régulier).

e. Après le travail, elle rentre ____________________ (direct) à la maison.

f. Et ____________________ (général), elle dort huit heures par nuit pour être ____________________ (parfait) en forme le lendemain.

! Beachten Sie den Unterschied: Adverbien bestimmen Verben und Adjektive näher.
Elle vit dangereusement.
Tout est sérieusement contrôlé.
Adjektive dagegen bestimmen Substantive.
Ce sont des enfants sérieux.

2. Nach langer Überlegung ... Wählen Sie in der E-Mail jeweils die passende Form: Adjektiv oder Adverb?

An: Vali@folli.com
Betreff: Vite vite

Salut Valérie,
Comment vas-tu depuis la ☐ dernière / ☐ dernièrement fois ? Ton séminaire à Rome est ☐ génial / ☐ génialement ? 😉 Dis, tu peux me donner ☐ rapide / ☐ rapidement l'adresse de ton hôtel dans le Massif Central ? Avec Christian, nous avons ☐ long / ☐ longuement regardé le programme des activités de la région : il est ☐ vrai / ☐ vraiment sympa. Bon, le parapente, ce n'est pas ☐ exact / ☐ exactement notre idée – on ne change pas ☐ facile / ☐ facilement ses habitudes – mais il y a d'autres activités ☐ géniales / ☐ génialement. 😃
On se voit ☐ normal / ☐ normalement lundi ☐ prochain / ☐ prochainement mais réponds-moi ☐ vite / ☐ rapide si tu peux pour l'adresse.
Bises,
Sylvie

! Vorsicht: Verwechseln Sie nicht *très* und *beaucoup*. *Très* steht vor Adjektiven (1) und Adverbien (2), *beaucoup* steht mit Verben (3).

*(1) Valérie est **très** sportive.*	Valérie ist sehr sportlich.
*(2) Elle vit **très** dangereusement.*	Sie lebt sehr risikofreudig.
*(3) Elle aime **beaucoup** cela.*	Sie mag es sehr.

Im Gegensatz zum Deutschen können *très* (sehr) und *beaucoup* (viel) nicht kombiniert werden.

3. Übersetzen Sie mit Adverbien. Im Gegensatz zu Sylvie ...

a. Valérie bleibt nicht brav zu Haus.	Valérie ne reste pas ____________ à la maison.
b. Sie geht gerne aus.	Elle sort ____________.
c. Sie reist sehr oft.	Elle voyage ____________ ____________.

d. Normalerweise fährt sie schnell. ______________, elle conduit ______________.

e. Sie mag Schokolade sehr. Elle aime ______________ le chocolat.

f. Sie trägt selten Kleider. Elle porte ______________ des robes.

g. Sie hat immer Verspätung. Elle est ______________ en retard.

le parapente	Gleitschirmfliegen	sain/-e	gesund
la folie	Wahnsinn	modéré/-e	maßvoll
chouette *ugs.*	klasse	le lendemain	am Tag darauf
sage	brav	rare	selten

★ 16 Unregelmäßige Formen

Sie haben in Kapitel 15 die regelmäßige Bildung der abgeleiteten Adverbien kennengelernt. Hier ein paar Ausnahmen.

START

Kreisen Sie im Dialog die Adverbien ein, die von *bon*, *brillant*, *courant* (fließend), *indifférent* (gleichermaßen), *mauvais* und *précis* abgeleitet sind.

◆ Qu'est-ce que tu lis ?

○ Un roman de Le Clézio. Tu connais ?

◆ Non. C'est bien ?

○ Oui, il écrit brillamment ! Et toi, qu'est-ce que tu lis en général ?

◆ Je ne lis pas couramment en français comme toi, et je lis mal l'anglais. Par contre, je lis indifféremment des écrivains de tous les pays, mais en allemand !

○ Oh, attends, j'ai précisément un livre de Le Clézio en allemand. Tiens, c'est pour toi !

SEHEN

Schreiben Sie nun diese Adverbien in die richtige Zeile.

	Adjektiv	Adverb
Adjektiv auf -ent	indifférent récent	________ récemment
Adjektiv auf -ant	brillant courant	________ ________
Adverb mit -é-	intense précis	intensément ________
unregelmäßig	bon mauvais	________ ________

VERSTEHEN

Ergänzen Sie nun die folgenden Regeln.

- Adjektive mit den Endungen *-ant* und *-ent* bilden die Adverbien auf ________ bzw. ________ . Ausnahme: *lent / lentement*
- Einige Adverbien wie ________ oder ________ enden auf *-ément*, obwohl kein *-é* in dem Adjektiv vorkommt, von dem sie abgeleitet sind. Dafür gibt es keine Regel, man sollte diese Adverbien auswendig lernen: *commode / commodément* (bequem), *confus / confusément* (verwirrt), *énorme / énormément* (riesig), *profond / profondément* (tief)

ANWENDEN

1. **Ergänzen Sie mit dem passenden Adverb.**

a. bon — Vous écrivez ________ le français !
b. courant — Mon fils parle ________ anglais, allemand et français.
c. fréquent — Je regarde ________ la télévision en français.
d. brillant — Super ! Tu as ________ passé tes examens !
e. mauvais — Tu n'écris pas ________ du tout !

16 Unregelmäßige Formen

! Adverbien stehen meist nach der konjugierten Verbform:
Il écrit brillamment. *Vous avez brillamment écrit!*
Bestimmt ein Adverb ein Adjektiv oder Adverb näher, steht es vor diesem:
C'est vraiment bon. *Tu écris vraiment bien!*
Adverbien, die sich auf einen ganzen Satz beziehen, stehen am Satzanfang mit Komma, oder am Satzende:
Heureusement, c'est un bon livre! / C'est un bon livre, heureusement!

2. Adverb oder Adjektiv? Kreuzen Sie an.

- ◆ On regarde un □ bien / □ bon film ce soir? Je suis abonné à des vidéos en ligne. C'est très □ commodément / □ commode et il y a du choix.
- ○ □ Récemment / □ Récent j'ai vu un film, j'ai □ malheureusement / □ malheureux oublié le titre, je voudrais □ bien / □ bon le revoir…
- ◆ Un film français, américain?
- ○ Franco-allemand. Il m'a □ profondément / □ profond touché… Ah oui, je me rappelle maintenant: le film s'appelle «Frantz». Il a gagné □ énormément / □ énorme de prix.
- ◆ Ah oui, c'est un film □ génialement / □ génial! Et les acteurs jouent □ vraiment / □ vrai bien!

3. Übersetzen Sie.

a. Ich habe neulich Adrien getroffen. ____________________
b. Die Schauspieler spielen brillant! ____________________
c. Leider sieht sie nicht mehr sehr gut. ____________________
d. Ich schaue gleichermaßen deutsche oder französische Filme an. ____________________

par contre	dagegen	le choix	die Wahl
récent/-e	jüngst, neulich	en ligne	online
fréquent/-e	häufig	touché/-e	berührt

17 Komparativ und Superlativ

Adverbien werden im Französischen genauso gesteigert wie Adjektive. Komparativ (erste Steigerungsstufe) und Superlativ (zweite Steigerungsstufe) der Adjektive haben Sie schon in den Kapiteln 13 und 14 kennengelernt.

START

Wörterbuch oder App? Unterstreichen Sie im Dialog alle Vergleiche.

- ○ Dis-moi, Romain, tu es bilingue, non ?
- ◆ Oui, ma mère est française et mon père est allemand.
- ○ Tu parles aussi bien allemand que français ?
- ◆ Non, je parle mieux français qu'allemand, je crois…
- ○ Et pour tes traductions, est-ce que tu utilises plus souvent une application ou le dictionnaire franco-allemand ?
- ◆ Oh maintenant, j'utilise le plus souvent une application sur mon portable. C'est le mieux !
- ○ C'est vrai, regarder dans un dico, ça va moins vite…
- ◆ Oui, et parfois, on a besoin d'un mot le plus vite possible.

SEHEN

Tragen Sie die Vergleiche in die Tabellen ein.

	Steigerungsform	Übersetzung
Komparativ	________ ____________ que	genauso gut wie
	________ que	besser als
	________ ____________ (que)	häufiger (als)
	________ ____________ (que)	weniger schnell (als)
Superlativ	______ ________	am besten
	______ ________ ________	am häufigsten
	______ ________ ________ possible	am schnellsten

Komparativ und Superlativ

VERSTEHEN

Ergänzen Sie nun die folgenden Regeln oder kreuzen Sie die richtige Alternative an. Es können mehrere Alternativen richtig sein.

- Adverbien werden ☐ anders ☐ genauso gesteigert wie Adjektive.
- Beim Komparativ stellt man ☐ *plus* ☐ *moins* ☐ *aussi* vor das Adverb und das Vergleichswort *que* bzw. *qu'* dahinter. *Que* kann aber auch wegfallen.
- Der Superlativ wird gebildet mit: *le* + ________ / *le* + ________ } + Adverb

  Er kann noch mit *possible* ergänzt werden.
- Unregelmäßig gesteigert wird das Adverb *bien*: Komparativ: ________ , Superlativ: *le* ________ .

ANWENDEN

1. **Ergänzen Sie mit dem Komparativ (+, –, =) oder Superlativ (++, – –).**

a. Une lettre ne va pas (= vite) un texto.

Une lettre ne va pas aussi vite qu'un texto.

b. Les jeunes écrivent des textos (+ vite) leurs parents.

____

____

c. C'est cet ordinateur qui fonctionne (++ bien).

____

d. Dans les e-mails, on utilise les émoticônes (– intensément) dans les textos.

____

____

e. Stéphane utilise son dictionnaire (– – souvent) possible.

____

f. Ton portable envoie des photos (= rapidement) ma tablette.

____

g. Il comprend l'italien (– facilement) l'espagnol.

____

Nach einem Vergleich benutzt man im Französischen die betonten Personalpronomen *moi*, *toi*, *lui*, *elle*, *nous*, *vous*, *eux*, *elles*:

Il travaille plus vite que toi. Er arbeitet schneller als du.

2. Tom hat eine Übersetzungsapp benutzt. Helfen Sie ihm, die Übersetzung zu kontrollieren. Korrigieren Sie die fett gedruckten Fehler.

a. Diese Software arbeitet am einfachsten: Du schreibst hier deinen Text und die App übersetzt ihn schneller als du.
*Cette application fonctionne **plus simplement** possible: tu écris ton texte ici et l'application le traduit **plus rapide que** toi.*

___

b. Man kränkt eine Person in einer E-Mail weniger leicht, wenn man öfter Smileys benutzt.
*On vexe **moins facile** une personne dans un e-mail quand on utilise **souvent plus** des émoticônes.*

___

c. Am besten bittet man jemanden, der zweisprachig ist, um Hilfe, um genauer zu korrigieren.
***Le meilleur**, c'est de demander de l'aide à une personne bilingue pour corriger **plus précis**.*

___

l'application *w*	App	le dico *ugs.*	Wörterbuch
le dictionnaire	Wörterbuch	le texto	SMS
le portable	Handy	vexer	kränken, verärgern

18 Subjektpronomen

Pronomen (Fürwörter) sind Stellvertreterwörter: Sie ersetzen Nomen (Substantive) mit ihren Begleitern und Erweiterungen. Die Subjektpronomen nehmen im Satz die Stellung des Subjektes ein (Frage: wer? / was?).

*Théo est chez le médecin. **Il** est malade.* Théo ist beim Arzt. **Er** ist krank.

START

Checkliste vor einem Fußballspiel. Lesen Sie den folgenden Dialog und unterstreichen Sie die Subjektpronomen im Französischen.

Trainer Bonjour les enfants, vous êtes tous là ? Et madame Féton, elle est là ?
Mme Féton Oui, je suis là.
Trainer Madame Féton, vous avez les feuilles de match ? Très bien. Qui a les boissons ?
Mme Féton Alexia et Zoé. Elles ont 12 bouteilles d'eau.
Trainer Parfait ! Et Théo ? Il est où ? Enzo, tu as le numéro de portable de Théo ?
Enzo Oui, j'ai le numéro, je téléphone...
Trainer Allez les enfants ! Nous sommes prêts. On y va !

SEHEN

Ordnen Sie nun die oben markierten Subjektpronomen in die Tabelle ein.

Einzahl	_______ téléphone / _______ ai le numéro	ich
	_______ as le numéro...	du
	_______ est où ? / _______ est là ?	er/sie/es
	on	man/wir
Mehrzahl	_______ sommes prêts / _______ y va !	wir
	_______ êtes tous là ?	ihr
	_______ avez les feuilles ?	Sie
	ils / _______ ont 12 bouteilles	sie

VERSTEHEN

Ergänzen Sie die Regeln anhand der Tabelle.

- *Je* (ich) wird zu ________ vor Vokal oder stummem h.
- „Wir" kommt in zwei Formen vor: ________ oder ________ .
- ________ steht für „ihr" oder die Höflichkeitsform „Sie".
- Für „sie" in der Mehrzahl gibt es zwei Pronomen: ________ für männliche und gemischte Gruppen; ________ für ausschließlich weibliche Gruppen.

! *On* ersetzt in der gesprochenen Sprache oft *nous* (wir). Formal ist das Pronomen *on* (man) aber die 3. Person Einzahl. Achten Sie also darauf, dass das folgende Verb immer in der 3. Person Einzahl steht: *On y va!* Gehen wir!
En hiver, on est vite malade. Im Winter wird man schnell krank.

ANWENDEN

1. Ersetzen Sie die markierten Personen durch die entsprechenden Subjektpronomen.

a. **Théo** n'est pas là. ________ est à la maison?
b. **Mme Féton** est là. ________ a les feuilles de match.
c. **Alexia et Zoé** ont les boissons. ________ ont de l'eau.
d. **Alexia** est l'amie d'Enzo. ________ joue aussi au foot.
e. **Enzo, Théo et Zoé** sont amis. ____________ sont ensemble au collège.
f. **Enzo** a le numéro de portable de Théo. ________ dit: « ________ lui texte ».

2. Beim Arzt. Wählen Sie das richtige Subjektpronomen.

◆ Bonjour, Madame Legan. ☐ Elle / ☐ Vous allez bien?
◘ Oui, ☐ je / ☐ on vais très bien, merci Docteur. ☐ Il / ☐ Je suis là pour Théo. ☐ Il / ☐ Ils ne va pas bien.
◆ Oh... Bonjour, Théo. ☐ Tu / ☐ Vous as mal où?
● ☐ J' / ☐ Je ai un peu mal à la gorge... Pfff... Enzo et Connor ont aussi mal à la gorge mais ☐ elles / ☐ ils ne vont pas chez le médecin.
◆ Théo, ☐ tu / ☐ vous as une angine! ☐ Il / ☐ Tu restes à la maison aujourd'hui!
● Mais ☐ nous / ☐ on avons un match de foot!

3. Wo ist Théo? Vervollständigen Sie den Chat zwischen Enzo und Théo mit den angegebenen Subjektpronomen.

ils je vous je tu nous on il tu

Im Gegensatz zum Deutschen werden die Subjektpronomen im Französischen immer mit einem konjugierten Verb verwendet. Ohne konjugiertes Verb werden die betonten Personalpronomen benutzt (siehe Kapitel 19).

la feuille de match	Spielblatt	avoir mal à la gorge	Halsschmerzen haben
le portable	Handy	le match de foot	Fußballspiel
prêt/-e	bereit	rigoler *ugs.*	*hier:* einen Witz machen
		être nul *ugs.*	doof sein

19 Betonte Personalpronomen

Neben den Subjektpronomen (siehe Kapitel 18) gibt es im Französischen auch betonte Pronomen. Sie können allein (also ohne Verb) verwendet werden und werden je nach Funktion im Satz unterschiedlich übersetzt.

START

Im Mai sind Nachbarschaftsfeste sehr beliebt. Entdecken Sie im Dialog die blau markierten betonten Personalpronomen und ihre Verwendung.

◆ C'est la fête des voisins dimanche ! *Moi*, je veux bien installer les tables. Cédric, *lui*, il organise la musique, et Sandrine, *elle*, elle s'occupe du buffet. Et *vous* ?

○ *Nous*, nous faisons les grillades, et les Dupuis, *eux*, ils proposent de faire les courses avec *toi*, Tarek.

□ D'accord. Et qui organise des jeux ? C'est *toi*, Juliette ?

◆ Oui, c'est *moi* !

SEHEN

Ergänzen Sie die Tabelle mit den betonten Personalpronomen des Textes. Welche Formen gleichen den Subjektpronomen?

	Subjekt-pronomen	betonte Personal-pronomen	
Einzahl	je	______	ich/mich/mir
	tu	______	du/dich/dir
	il	______	er/ihn/ihm
	elle	______	sie/ihr
Mehrzahl	nous	______	wir/uns
	vous	______	ihr/euch/Sie/Ihnen
	ils	______	sie/ihnen
	elles	elles	sie/ihnen

19 Betonte Personalpronomen

VERSTEHEN

Ergänzen Sie nun die folgenden Regeln mithilfe des Textes und der Tabelle.

- Die betonten Personalpronomen haben 4 gemeinsame Formen mit den Subjektpronomen: ______, ______, ______, ______ und 4 andere Formen: ______, ______, ______, ______.
- Finden Sie Beispiele im Text. Die betonten Personalpronomen stehen …
  … in Sätzen ohne Verb: *Et __________ ?*
  … nach Präpositionen: *avec __________*
  … nach der Wendung *c'est*: *C'est __________ , Juliette? Oui, c'est __________ !*
- Um im Satz das Subjekt hervorzuheben, stehen die betonten Pronomen direkt __________ den Subjektpronomen:
  __________ , __________ *veux bien.* (**Ich** möchte gerne.)
  Auf Deutsch wird diese Hervorhebung durch eine stärkere Betonung wiedergegeben.

! Wenn *on* die Bedeutung von „wir" hat, wird das betonte Pronomen *nous* verwendet:
Nous, nous faisons les grillades. = Nous, on fait les grillades.

ANWENDEN

1. Was bieten die Nachbarn für die Feier an? Vervollständigen Sie mit den betonten Personalpronomen.

a. Muriel, ________, veut faire des pizzas, je peux les faire avec __________.
b. ________, je peux faire un spectacle de clown pour les enfants!
c. Et ________, tu organises un concours de boules, c'est ça?
d. Marie et Sophie, ________, vont faire les courses, on va avec ________?
e. Les Dupont, ________, font les grillades. On peut les faire avec ________?
f. ________, on installe les tables et les parasols.

2. Jeder macht mit. Verbinden Sie die Satzteile.

1. Aline, on fait des crêpes,
2. Madame El Houari, vous apportez un plat
3. Mehdi a du matériel sono
4. Corinne et Annie, on a des parasols
5. J'aide les Lulé avec les boissons,

a. chez lui, et il a des enceintes.
b. et des tables pour vous.
c. je vais avec eux au supermarché.
d. de chez vous ? Un tajine ?
e. toi et moi ?

Die betonten Personalpronomen werden sehr oft benutzt, z. B. beim Einkaufen:
C'est à vous ? *Oui, c'est à moi.* Sind Sie dran? Ja, ich bin dran.

3. Alle treffen sich. Ergänzen Sie die Mini-Dialoge mit den angegebenen Wörtern.

avec eux | chez moi | et vous | c'est moi | de moi | moi aussi

a. ○ Bonsoir, comment allez-vous ?
◆ Bien, merci, _____________ ?

b. ○ Oh, la pizza est super bonne, elle est de qui ?
● _____________ !

c. ◆ Les enfants veulent jouer au foot.
○ On joue _____________ ?

d. □ Est-ce qu'on a des serviettes ?
● Oh pardon, elles sont restées _____________ !

e. □ J'ai faim !
○ _____________ !

f. ● Qui a fait la décoration ? Elle est chouette !
◆ _____________ ! Merci.

s'occuper de	sich kümmern um	le plat	Gericht
la grillade	Grillgut	l'enceinte *w*	Lautsprecher
le concours	Wettbewerb	le tajine	Nordafrikanisches Schmorgericht
le matériel sono	Soundsystem		
le parasol	Sonnenschirm	chouette *ugs.*	toll

20 Direkte Objektpronomen

Die direkten Objektpronomen vertreten im Satz ein direktes Objekt.
Das direkte Objekt ist eine Ergänzung, die ohne Präposition an das Verb angeschlossen wird (Frage: „Wen“ oder „was?“).

*J'adore cette veste! Je **la** prends.* Ich mag diese Jacke total! Ich nehme **sie**.

START

Shopping zu zweit. Unterstreichen Sie im Dialog die Wortgruppen, die durch die in Blau markierten direkten Objektpronomen ersetzt werden.

- ◆ Luc, chéri, regarde ce manteau. Je *le* trouve magnifique.
- ○ Oui, Claire, il est chouette. Et tu as vu la veste verte à côté ?
- ◆ Ah oui, je *la* vois. Elle est super. Je vais *l'*essayer avec le manteau.
- ○ Pas de problème, Claire ! Je *t'*attends.
- ◆ Zut, ce n'est pas ma taille !
- ● Bonjour monsieur, bonjour madame. Je peux *vous* aider ?
- ◆ Oui ! J'aime beaucoup ces deux modèles. Vous ne *les* avez pas en 36 ?

SEHEN

Ordnen Sie die oben markierten direkten Objektpronomen in die Tabelle ein.

	Einzahl		**Mehrzahl**	
1. Person vor Vokal / stummem h	**me** **m'**	mich	**nous**	uns
2. Person vor Vokal / stummem h	**te** ______	dich	______	euch/Sie
3. Person männlich weiblich vor Vokal / stummem h	 ______ ______ ______	 ihn/es sie/es ihn/sie/es	 ______	 sie

VERSTEHEN

Ergänzen Sie nun die Regeln mithilfe des Textes und der Tabelle.

- In der 3. Person sind die direkten Objektpronomen identisch mit den ☐ bestimmten ☐ unbestimmten Artikeln.
- Vor Vokal und stummem h werden sie ☐ in der Einzahl ☐ in der Mehrzahl apostrophiert.
- In der Regel stehen die direkten Objektpronomen ☐ vor ☐ nach dem konjugierten Verb.
- Bei Infinitivkonstruktionen wie z. B. *Je peux **vous** aider?* stehen die direkten Objektpronomen ☐ vor ☐ nach dem Infinitiv.
- In verneinten Sätzen stehen die Pronomen ☐ innerhalb ☐ außerhalb der Verneinungsklammer *ne* und *pas*.

Einige Verben erfordern im Französischen direkte Objekte bzw. direkte Objektpronomen, im Deutschen jedoch indirekte.

*Il aide son amie. Il **l'**aide.*	Er hilft seiner Freundin. Er hilft **ihr**.
Elle écoute les conseils.	Sie hört den Ratschlägen zu.
*Elle **les** écoute.*	Sie hört **ihnen** zu.
Ils remercient la vendeuse.	Sie danken der Verkäuferin.
*Ils **la** remercient.*	Sie danken **ihr**.

ANWENDEN

1. Was gehört zusammen? Verbinden Sie anhand des Dialoges von Luc und Claire auf S. 66.

1. Claire le trouve très bien.	a. la veste
2. Luc la voit à côté du manteau.	b. Luc et Claire
3. Claire les essaie.	c. la vendeuse
4. Luc l'attend.	d. le manteau
5. La vendeuse les aide.	e. le manteau et la veste
6. Ils vont la remercier.	f. son amie

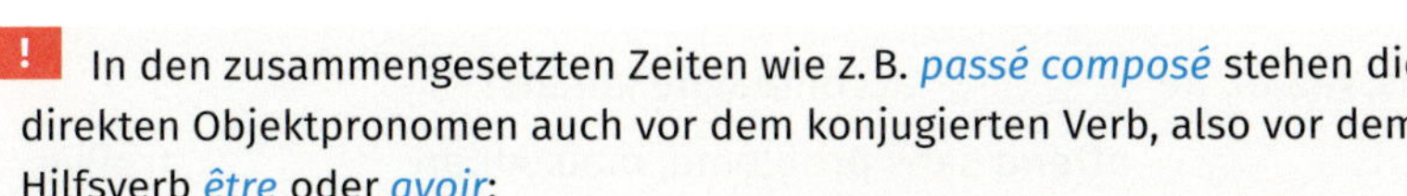

! In den zusammengesetzten Zeiten wie z. B. *passé composé* stehen die direkten Objektpronomen auch vor dem konjugierten Verb, also vor dem Hilfsverb *être* oder *avoir*:

Son sac? Elle l'a cherché partout. Ihre Tasche? Sie hat sie überall gesucht.

2. Wieder zu Hause. Vervollständigen Sie das Gespräch mit den angegebenen Wörtern.

- Regardez ma nouvelle veste, ______________________ (adore / je / l')! ______________________ (prendre / vais / la / je) ce soir pour le concert. Alban, ______________________ (me / trouves / tu) comment ? … Luc, Alban, ______________________ (pas / me / vous / regardez / ne) ?
- Mais si, maman, ______________________ (regarde / te / on) ! Tu es magnifique…
- Luc, chéri, tu as les billets pour ce soir ?
- Oui, oui, Claire, ______________________ (les / ai / je / mis) dans ma veste.
- Est-ce que vous avez vu mon sac ? ______________________ (pas / je / trouve / le / ne). ______________________ (avons / l' / nous / oublié) dans la boutique ?
- Non, ______________________ (as / tu / l' / laissé) dans la cuisine !
- Ah, ouf ! On prend notre voiture ce soir ?
- Non, ______________________ (prenons / nous / pas / la / ne). Les Rueil ______________________ (viennent / chercher / nous) à 20 heures.
- Oh, déjà 19h00, ______________________ (vous / laisser / vais / je), je vais dans la salle de bains !

Im Gegensatz zum Deutschen kann ein direktes Objekt im Französischen in der Regel nicht am Satzanfang stehen. Wird das Objekt dennoch vorangestellt, so muss es mit einem Pronomen wieder aufgenommen werden:

*Le manteau, Claire **le** trouve magnifique.*	Den Mantel, (den) findet Claire wunderschön.

3. Im Trend. Ergänzen Sie die Sätze mit den passenden direkten Objektpronomen.

a. Les magasins, je __________ fais avec plaisir avec mon mari.

b. Notre fils, Alban, ne __________ accompagne jamais !

c. Mon mari __________ attend sans problème, mais Alban __________ trouve trop longue.

d. La même chose avec la mode, on ________ suit volontiers avec Luc mais Alban nous dit souvent: « Papa, maman, je ne ________ comprends pas! ».

e. Le magazine de la Cité de la Mode et du Design, nous ________ adorons et ________ regardons régulièrement; les stylistes et les journalistes ________ connaissent bien!

chouette *ugs.*	toll	oublier	vergessen
zut *ugs.*	Mist	suivre	folgen
la taille	Größe		

★ 21 Indirekte Objektpronomen

Die indirekten Objektpronomen ersetzen indirekte Objekte (im Deutschen Dativobjekte, Frage: „wem“ oder „was?“), die mit der Präposition *à* nach dem Verb gebildet werden, z. B.

*J'offre un livre **à Patrick**.*	→ *Je **lui** offre un livre.*
Ich schenke **Patrick** ein Buch.	→ Ich schenke **ihm** ein Buch.
*Tu achètes un cadeau **à tes parents**?*	→ *Tu **leur** achètes un cadeau?*
Kaufst du **deinen Eltern** ein Geschenk?	→ Kaufst du **ihnen** ein Geschenk?

START

Lucie (○) und Charles (◆) unterhalten sich über Weihnachtsgeschenke. Unterstreichen Sie die Präpositionen und Substantive, die durch die blau markierten indirekten Objektpronomen ersetzt werden.

○ Charles, qu'est-ce qu'on offre à tes parents pour Noël?

◆ Nous *leur* offrons des cartes pour un concert, Lucie. Et à nous, qu'est-ce qu'ils *nous* offrent?

○ Ils *nous* offrent une housse de couette. Et qu'est-ce que tu offres à ton frère?

◆ Je *lui* offre un livre.

○ Oui, bonne idée! Et à ta sœur?

◆ Tu *lui* achètes un parfum? Et à moi, qu'est-ce que tu *m'*offres?

○ À toi, Charles? Je *te* fais une surprise!

21 Indirekte Objektpronomen

SEHEN

Ergänzen Sie die Tabelle mit den indirekten Objektpronomen. Was fällt Ihnen bei *lui* und *leur* auf?

	Subjekt-pronomen	direkte Objekt-pronomen	indirekte Objektpronomen	
Einzahl	je	me / m'	**me** / ______	mir
	tu	te / t'	______ / **t'**	dir
	il / elle	le / la / l'	______	ihm / ihr
Mehrzahl	nous	nous	______	uns
	vous	vous	**vous**	euch / Ihnen
	ils / elles	les	______	ihnen

VERSTEHEN

Ergänzen Sie nun mithilfe des Dialogs und der Tabelle die folgenden Regeln.

- Die indirekten Objektpronomen ______, ______, ______, ______ sind identisch mit den direkten Objektpronomen.
- Die indirekten Objektpronomen ______ und ______ stehen jeweils für beide Geschlechter.
- Das indirekte Objektpronomen steht meist ______ der konjugierten Verbform bzw. bei Infinitivkonstruktionen vor dem Infinitiv:
  *Je **lui offre** / vais **lui offrir** un parfum.*
- In verneinten Sätzen rahmen die Verneinungswörter die Gruppe „Pronomen + Verb" ein:
  *Je **ne lui offre pas** de livre.* (Ich kaufe ihr/ihm kein Buch.)

Achtung! Manche Verben stehen im Französischen mit den indirekten Objektpronomen / Verbergänzungen, im Deutschen aber mit direkten Pronomen.

téléphoner à qn.	jdn. anrufen
demander à qn.	jdn. fragen

ANWENDEN

1. Was ersetzen die indirekten Objektpronomen? Verbinden Sie.

1. Nous leur offrons des jouets.
2. Je lui propose de venir le 25 décembre?
3. Tu nous fais une buche?
4. Le Père Noël vous apporte les cadeaux?
5. Je lui offre un sac à main et un parfum.

a. à ta famille et à toi
b. à nous
c. à ma femme Lucie
d. à mon frère
e. aux enfants

2. Ergänzen Sie mit den indirekten Objektpronomen passend zu den markierten Begriffen.

a. **Les Smith** ont envoyé une carte de Noël.
On ________ envoie aussi nos vœux?

b. J'ai déjà un cadeau pour **toi**! J'espère qu'il va ________ plaire!

c. Tu vas chez **Lucie** demain? Tu ________ apportes aussi mon cadeau?

d. Qu'est-ce que tu ________ offres pour Noël?
Je voudrais bien un parfum...

e. On invite **Jean**? On ________ téléphone?

f. **Nous** avons reçu une carte de Maxime.
Il ________ envoie ses vœux pour Noël.

3. Bringen Sie die Satzteile in die richtige Reihenfolge.

a. offert / avons / couette / nous / leur / une

____

b. robe / d'Emma / lui / la mère / acheté / a / une

____

c. nous / Père Noël / a / jouets / le / des / apporté

____

d. vont / les / m' / enfants / une / offrir / surprise

____

4. Direktes oder indirektes Objektpronomen? Kreuzen Sie auf der Karte die richtige Option an.

Chers tous,

Nous espérons que vous allez bien. Alors Emma a réussi ses examens ?!
Nous □ l' / □ lui envoyons toutes nos félicitations !
Et mamie, elle va bien ? Je vais □ la / □ lui écrire aussi une carte et nous allons □ l' / □ lui inviter au restaurant.
Nous avons vu Pascal et Véro hier, nous □ leur / □ les avons aidés à déménager. Leur nouvelle maison □ leur / □ les plait beaucoup !
Mes parents arrivent ce soir, je vais □ les / □ leur chercher à la gare.
Nous □ vous / □ leur souhaitons un joyeux Noël !

Lucie et Charles

offrir	schenken	le vœu	Wunsch
la housse de couette	Bettbezug	plaire	gefallen
la buche (de Noël)	mit Crème gefüllter Weihnachtskuchen	réussir ses examens	die Prüfungen bestehen
le sac à main	Handtasche	les félicitations *pl*	Glückwünsche
		déménager	umziehen

22 Neutrale Pronomen

Die neutralen Pronomen *il*, *ça / cela* und *ce / c'* entsprechen dem neutralen deutschen „es" oder „das". Sie verweisen auf (allgemeine) Sachverhalte:

***Il** pleut.*	***Ça** suffit !*	***Ce** n'est pas bon pour le moral.*
Es regnet.	Es / Das reicht!	Es ist nicht gut für das Gemüt.

START

Ein schöner Tag. Unterstreichen Sie im Dialog zwischen Kirsten (o) und Thierry (◆) die oben erwähnten Pronomen und ihre zugehörigen Verben.

- o Thierry, c'est incroyable : aujourd'hui, il fait beau !
- ◆ Il ne pleut plus ?
- o Non, regarde ça : il y a du soleil et il fait 17° C !

◆ C'est vrai, Kirsten? C'est le printemps!
○ Mais, oui! Allez, il est 8 heures. Ça suffit, debout! Il faut profiter de cette journée... Il y a un parc pas loin, on y va?
◆ Pourquoi pas? Cela tombe bien: ce sont les vacances!

SEHEN

Ordnen Sie die unterstrichenen neutralen Pronomen und Verben in die Tabelle ein.

1	2	3
________ incroyable!	Regarde _____!	______ ________ beau.
________ vrai?	_____ suffit	______ ________ 17°C!
________ le printemps!	_____ tombe bien!	______ ne pleut plus?
_____ sont les vacances!		______ ______ ______ du soleil.
		______ ________ 8 heures.
		______ ______ ______ un parc...
		______ ________ profiter...

VERSTEHEN

Ergänzen Sie nun die Regeln mithilfe des Textes und der Tabelle.

1. Das neutrale Pronomen *ce / c'* steht vor dem Verb __________ (sein) und ist Subjekt des Satzes.
2. Bei allen anderen Verben stehen __________ oder __________, die auch Objekt des Satzes sein können.
3. Das neutrale Pronomen __________ wird in einigen festen Wendungen als Subjekt verwendet, z. B.
   - bei der Angabe des Wetters, der Temperatur und der Uhrzeit: __________ *est 8 heures.*
   - in den Wendungen ______________ (es gibt) und ______________ (man muss / man braucht).

Neutrale Pronomen

Ça ersetzt im gesprochenen Französisch *cela*, es kommt in vielen französischen Redewendungen vor, wie z. B.

Ça va ?	Wie geht's?	*Ça coute combien ?*	Was kostet das?
Ça y est!	Da haben wir es!	*Ça ne fait rien.*	Das macht nichts.
Ça vous dit ?	Was haltet ihr davon?	*Et ça, qu'est-ce que c'est ?*	Was ist das ?

ANWENDEN

1. Los geht's. Vervollständigen Sie den Dialog zwischen Kirsten (o) und Thierry (◆) mit *ce* / *c'* oder *ça*.

◆ ______ y est, Kirsten ! Il fait beau !
______ est incroyable !

o Oui, et ______ sont les vacances !
______ est vraiment génial ! On sort ?

◆ ______ est une bonne idée ! On va à l'Europapark ?

o À l'Europapark ?! ______ serait super mais ______ coute cher...

◆ ______ est vrai mais ______ n'est pas loin et on ne fait pas ______ souvent ! Allez, pour une fois, ______ ne fait rien ! ______ est pour fêter le retour du soleil !

2. Verbinden Sie die Pronomen mit den Satzteilen, um sinnvolle Sätze zu bilden.

est super ! — est quatre heures. — tombe bien ! — faut prendre un pull. — pleut beaucoup. — vous dit ? — va être super. — fait chaud. — sont les vacances ! — y a du soleil. — sont des amis super sympas. — y a des restaurants dans le parc.

Il — Ça — Ce — C'

3. **Zwei haben die gleiche Idee! Kirsten bekommt eine Nachricht von ihrer Freundin Veronika aus Freiburg. Helfen Sie ihr, sie für Thierry zu übersetzen.**

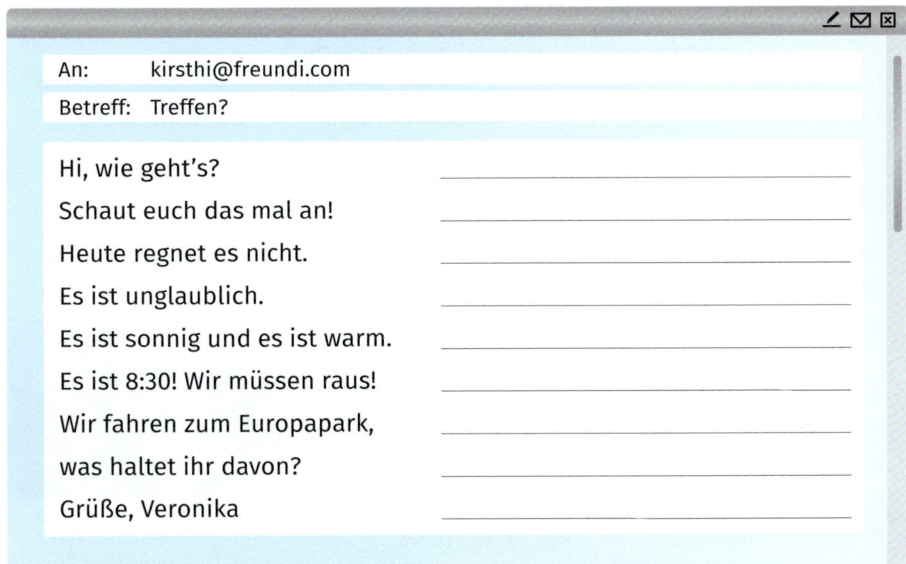

An: kirsthi@freundi.com

Betreff: Treffen?

Hi, wie geht's? ____________

Schaut euch das mal an! ____________

Heute regnet es nicht. ____________

Es ist unglaublich. ____________

Es ist sonnig und es ist warm. ____________

Es ist 8:30! Wir müssen raus! ____________

Wir fahren zum Europapark, ____________

was haltet ihr davon? ____________

Grüße, Veronika ____________

Thierry schlägt die folgende Antwort vor. Kirsten schreibt sie auf Deutsch.

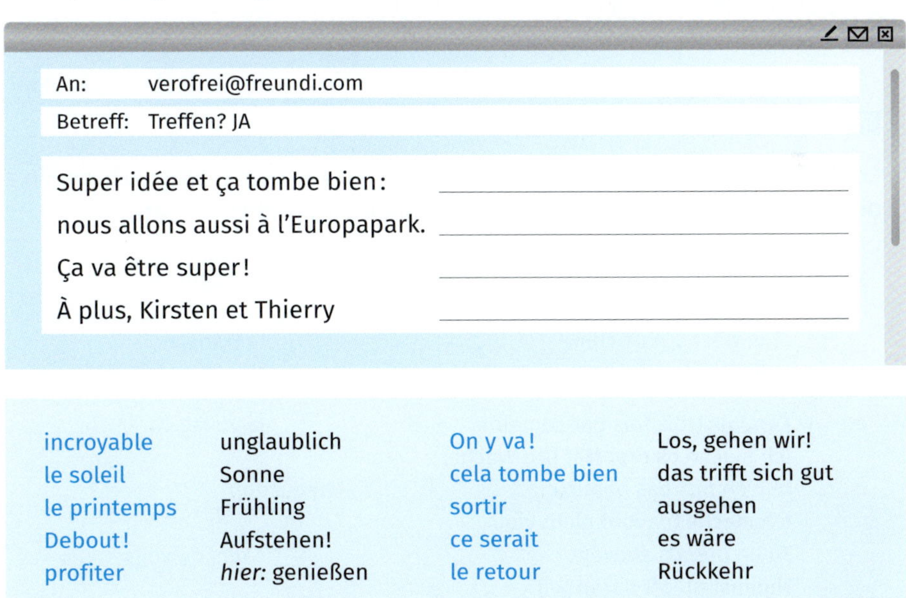

An: verofrei@freundi.com

Betreff: Treffen? JA

Super idée et ça tombe bien : ____________

nous allons aussi à l'Europapark. ____________

Ça va être super ! ____________

À plus, Kirsten et Thierry ____________

incroyable	unglaublich	On y va !	Los, gehen wir!
le soleil	Sonne	cela tombe bien	das trifft sich gut
le printemps	Frühling	sortir	ausgehen
Debout !	Aufstehen!	ce serait	es wäre
profiter	*hier:* genießen	le retour	Rückkehr

★ 23 *y* und *en*

Die Pronomen *y* und *en* ersetzen Ortsangaben und Sachobjekte, die mit verschiedenen Präpositionen eingeleitet werden. Sie beziehen sich immer auf Sachen (nicht Personen) und sind unveränderlich:

Je vais à Paris.	→ J'**y** vais.	Ich fahre nach Paris.	→ Ich fahre **dorthin**.
Je fais du tennis.	→ J'**en** fais.	Ich spiele Tennis.	→ Ich spiele **es**.

START

Lesen Sie den Dialog. Worauf beziehen sich die Pronomen *y* und *en*? Unterstreichen Sie.

- ◆ Morgane, qu'est-ce que tu fais ce weekend ?
- ○ Et bien, Chloé, je vais à La Rochelle. J'*y* vais tous les ans.
- ◆ Tu participes à la transat ?
- ○ Mon frère *y* participe.
- ◆ Et toi, Morgane, tu fais aussi de la voile ?
- ○ Oui, j'*en* fais trois fois par semaine. Et toi, tu fais beaucoup de sport ?
- ◆ Oh non, je n'*en* fais pas beaucoup... Mais je prends des cours de yoga.
- ○ Tu *en* prends souvent ?
- ◆ Deux fois par semaine.

SEHEN

Ergänzen Sie die Tabelle mit den Präpositionen aus dem Dialog. Achten Sie auf die Ergänzungen und die Stellung der Pronomen *y* und *en* im Satz.

y	J'y vais. Ich gehe dorthin.	_____ La Rochelle.
	Mon frère y participe. Mein Bruder nimmt daran teil.	_____ la transat.
en	J'en fais trois fois par semaine. Ich mache es drei Mal pro Woche.	_____ la voile ?
	Je n'en fais pas beaucoup. Ich mache (davon) nicht viel.	beaucoup _____ sport ?
	Tu en prends souvent ? Nimmst du oft daran teil?	_____ cours de yoga

VERSTEHEN

Ergänzen Sie nun die folgenden Regeln.

- Das Pronomen *y* ersetzt Ortsangaben mit der Präposition ______ und auch mit *en*, *dans*, *chez*, *sur* usw. – aber nicht mit *de*. *Y* hat in diesem Fall die Bedeutung von „da / dort / dorthin".
- *Y* steht auch für Verbergänzungen mit *à* und Sachsubstantiven, z. B. *penser à qc.*
- Das Pronomen *en* ersetzt Ortsangaben mit der Präposition ______ . Es ersetzt auch Ergänzungen mit Mengenangaben (*beaucoup de*), Teilungsartikel oder dem unbestimmten Artikel.
- *En* steht auch für Verbergänzungen mit Sachsubstantiven, die mit ______ eingeführt werden, z. B. *se souvenir de qc.*
- Die Pronomen *en* und *y* stehen ______ dem konjugierten Verb. Im verneinten Satz stehen sie zwischen ______ und dem Verb.

In Verbindung mit Mengenangaben wird *en* meist nicht übersetzt oder mit „davon": *J'en prends un kilo.* (Ich nehme ein Kilo (davon)).

ANWENDEN

1. **Antworten Sie auf die Fragen mit *y* oder *en* und den angegebenen Wörtern.**

a. Est-ce que Chloé fait **du yoga** tous les jours ? (non / elle / deux fois par semaine)

Non, elle en fait deux fois par semaine.

b. Est-ce que vous participez tous les ans **à la transat** ? (oui / nous / tous les ans)

____

c. Est-ce que tu te souviens **de ta première leçon de natation** ? (oui / très bien)

____

d. Est-ce que ton voilier est déjà **à La Rochelle** ? (non / il / pas encore)

____

Anders als im Deutschen stehen die Pronomen *y* und *en* vor der konjugierten Form des Verbs, auf das sie sich beziehen.

J'y pense. Ich denke daran.
J'en ai pris. Ich habe davon genommen.

Aber bei Infinitivkonstruktionen steht das Pronomen wie im Deutschen vor dem Infinitiv:

Je peux y penser. Ich kann daran denken.
Je vais en prendre. Ich werde davon nehmen.

2. *Y* oder *en*? Ergänzen Sie den Dialog der beiden Kinder.

- ◆ Ah, regarde, ils proposent des stages de voile! Tu veux ____ aller?
- o On peut faire de la voile à partir de quel âge?
- ◆ On peut ____ faire à partir de 6 ans.
- o Alors je pourrais ____ aller... C'est à Saint-Malo?
- ◆ Oui, on ____ va cet été, tu peux ____ participer en aout, si tu veux... Pour les jeunes c'est sur un petit voilier, un «optimist»!
- o Ah oui, des optimists, j'____ ai déjà vu! Pourquoi pas?

! Bei einem direkten Sachobjekt mit unbestimmtem Artikel oder Mengenangabe stehen zusätzlich zu *en* Zahl- bzw. Mengenwörter.

◆ *Tu veux une barre de muesli?* o *Oui, tu m'en donnes deux?*

3. Bringen Sie die Sätze in die richtige Reihenfolge. Was ersetzen *en* oder *y*? Ordnen Sie zu.

a. trois barres de muesli b. au stage de voile c. du yoga d. au football

1. longtemps / J' / depuis / fais / en ____

   ____

2. dernier / Nous / participé / l'été / avons / y ____

   ____

3. Yves / semaine / deux / s'y / par / fois / entraine ____

   ____

4. avons / en / trois / pris / Nous ____

   ____

! Beachten Sie: Die Pronomen *en* und *y* ersetzen Sachen, aber nicht Personen. Für Personen werden die Personalpronomen verwendet:

*Je me souviens **de Sylvie**.* → *Je me souviens **d'elle**.*
*Je me souviens de **ce livre**.* → *Je m'**en** souviens.*
*Je pense **à Marc**.* → *Je pense **à lui**.*
*Je pense **à notre maison**.* → *J'**y** pense.*

4. Personen oder Sachen? Verbinden Sie die Sätze.

1. Tu penses à ton entrainement ?
2. Vous êtes contents du cours ?
3. Tu penses à tes collègues ?
4. Vous êtes contents de votre entraineur ?
5. Ils ont répondu à l'invitation au cours ?
6. Ils ont répondu au prof de yoga ?

a. Non, ils n'y ont pas répondu.
b. Oui, nous sommes contents de lui.
c. Non, ils ne lui ont pas répondu.
d. Oui, j'y pense.
e. Oui, nous en sommes contents.
f. Oui, je pense à eux.

la transat	Segelbootrennen	le voilier	Segelboot
faire de la voile	segeln	le stage de voile	Segelkurs
la natation	Schwimmen	l'entrainement *m*	Training

24 Demonstrativpronomen

Die Demonstrativpronomen (hinweisende Fürwörter) stehen anstelle eines Substantivs. Sie verweisen auf Personen oder Sachen und heben diese hervor.

*On prend ce gâteau ? **Celui** à droite.* Nehmen wir diesen Kuchen? Diesen rechts.

START

Beim Töpfer. Für was stehen die markierten Pronomen im Dialog? Unterstreichen Sie auch jeweils das Element nach den Pronomen.

◆ On prend ce vase, Christelle ?
○ *Celui* à 12 euros ? Oui, il est joli.
Et tu aimes ces bols ? *Ceux* sur l'étagère...
◆ Oui, mais les tasses sont bien aussi...
○ *Celles* sur la table ? À côté de la théière...
◆ La théière... *Celle* à gauche ou *celle* à droite ?
○ Non, *celle-ci* !

24 Demonstrativpronomen

SEHEN

Ergänzen Sie die Tabelle mit den Demonstrativpronomen.

	männlich	weiblich
Einzahl	________ à 12 euros	________ à gauche, à droite ________-ci/-là
Mehrzahl	________ sur l'étagère	________ sur la table

VERSTEHEN

Ergänzen Sie nun die folgenden Regeln. Einmal sind beide Optionen richtig.

- Das Demonstrativpronomen wird in Geschlecht und Zahl an das Substantiv angeglichen, das es ersetzt. ☐ ja ☐ nein
- Die Demonstrativpronomen stehen ☐ nie ☐ manchmal alleine. Ihnen folgt immer eine weitere Angabe wie: *à 12 euros*, *sur la table*...
- Die Ergänzung kann auch ☐ *-ci* ☐ *-là* sein, mit einem Bindestrich an das Pronomen angebunden; *celui-ci* bedeutet „dieser hier", *celui-là* „dieser dort".

ANWENDEN

1. **Ordnen Sie die Gegenstände den Demonstrativpronomen zu.**

un vase

une tasse

une théière

2 coquetiers

6 assiettes

un bol

4 verres

4 tasses

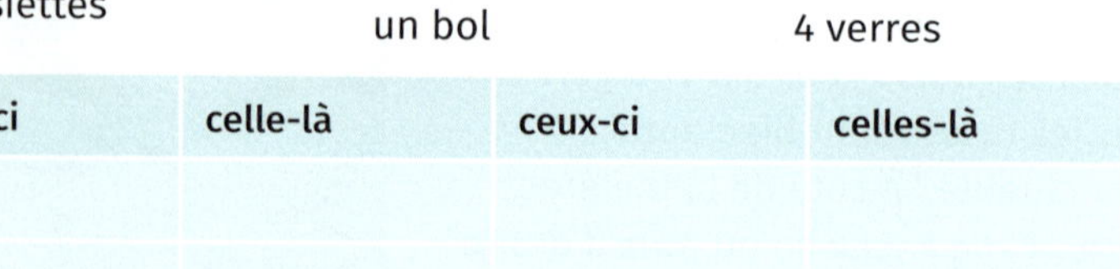

celui-ci	celle-là	ceux-ci	celles-là

2. Ergänzen Sie mit den Demonstrativpronomen.

celui celles celles celui ceux celui

- ◆ Bonjour, je cherche un service à thé pour 6 personnes.
- ○ Alors, vous avez __________-ci en porcelaine ou __________-là en grès.
- ◆ J'aime bien __________ sur la table...
- ○ Ah, et vous voyez, ses tasses sont plus grandes que __________ du service en grès.
- ◆ Mais les assiettes ne sont pas aussi jolies...
- ○ Vous trouvez ? Elles sont plus petites que __________-là, c'est vrai...
- ◆ Je ne sais pas... Les services en porcelaine me plaisent bien, mais __________ en grès sont plus originaux... Ah, je vais réfléchir ! Merci monsieur.

3. Übersetzen Sie ins Französische und verwenden Sie dabei die Demonstrativpronomen.

a. ◆ Nehmen wir die Teekanne? ______________________
○ Diese aus Porzellan? Warum nicht? ______________________

b. ◆ Und wir kaufen sechs Tassen. ______________________
○ Diese hier oder diese dort? ______________________

c. ◆ Diese auf dem Tisch. Mit sechs Tellern. ______________________
○ Die vom Service? ______________________
Wie viel kostet das Service? ______________________

d. ◆ Dieses Service kostet 80 € und ______________________
dieses dort 120 €. ______________________
○ Wir nehmen dieses für 80 €. ______________________

l'étagère *w*	Regal	le coquetier	Eierbecher
le bol	Trinkschale	le grès	Ton
la théière	Teekanne	l'assiette *w*	Teller

25 *être* und *avoir*

Wie im Deutschen werden *être* (sein) und *avoir* (haben) verwendet als:

- Vollverben: *Sandra **est** de Francfort.* Sandra **ist** aus Frankfurt.
  *Elle **a** deux enfants.* Sie **hat** zwei Kinder.
- Hilfsverben zur Bildung der zusammengesetzten Zeiten (siehe Kapitel 33).

Beide Verben haben unregelmäßige Verbformen.

START

Sandra stellt sich in ihrem Französischkurs vor. Unterstreichen Sie die Formen von *être* grün und die Formen von *avoir* blau.

Bonjour. Je m'appelle Sandra. Je suis de Francfort. J'ai 38 ans et je suis mariée. Mon mari, Laurent, est français, il a 39 ans. Nous sommes ensemble depuis 8 ans et nous avons deux petites filles, elles ont 4 et 6 ans. On a beaucoup de chance, elles sont magnifiques! Et vous, vous avez aussi des enfants?

SEHEN

Ergänzen Sie jetzt die Tabelle mit den Verbformen, die Sie im Text unterstrichen haben.

	être (sein)		**avoir (haben)**	
je / j'	________	ich bin	________	ich habe
tu	es	du bist	as	du hast
il / elle / on	________	er/sie/man ist	________	er/sie/man hat
nous	________	wir sind	________	wir haben
vous	êtes	ihr seid / Sie sind	________	ihr habt / Sie haben
ils / elles	________	sie sind	________	sie haben

VERSTEHEN

Kreuzen Sie an, ob die folgenden Aussagen über *être* und *avoir* zutreffen oder nicht.

	Ja	Nein
• *Être* und *avoir* haben für jede Person eine andere Form.	☐	☐
• Alle Formen von *avoir* fangen mit *a-* an.	☐	☐
• Die Formen *es* und *est* werden gleich ausgesprochen.	☐	☐
• Die Formen *as* und *a* werden gleich ausgesprochen.	☐	☐
• Zur Angabe des Alters wird das Verb *être* verwendet.	☐	☐

Im Gegensatz zum Deutschen wird das Alter im Französischen mit dem Verb *avoir* angegeben.

Il a 39 ans. — Er ist 39 Jahre alt.
Elles ont 4 et 6 ans. — Sie sind 4 und 6 Jahre alt.

ANWENDEN

1. Laurent wartet daheim auf seine Familie. Ergänzen Sie den Chat mit seiner Frau Sandra mit den passenden Formen von *être*.

Chérie... Il ____________ 17h20. Je ____________ à la maison. 17:20

Ah, tu ____________ déjà là ? 17:22

Oui, et toi, tu ____________ où ? Les filles ____________ avec toi ? 17:23

Oui... Nous ____________ chez le médecin.
Lola ____________ malade. 😢 17:24

Oh... Vous ____________ bientôt de retour ? 17:25

Je ne sais pas... 17:25

Nous ____________ là dans 20 minutes... J'espère ! 17:26

D'accord. 😘 17:27

2. Finden Sie im Wortgitter fünf Formen von *avoir*. Schreiben Sie sie anschließend zusammen mit dem passenden Personalpronomen auf.

E	F	X	A	V	O	N	S
X	R	G	D	U	R	O	R
T	E	J	T	A	Z	T	P
J	R	U	N	I	E	A	F
H	Y	V	R	S	T	V	Z
O	O	N	T	Q	D	E	I
W	I	B	L	E	S	Z	S
O	A	S	K	Y	B	U	T

Waagerecht:

____

____

____

Senkrecht:

____

____

Welche Form fehlt?

____

Merken Sie sich die mit *avoir* gebildete Wendung *il y a* (es gibt), sie ist sehr gebräuchlich (siehe Kapitel 22):

Il y a un problème. Es gibt ein Problem.

3. Im Unterricht erzählt Sandra weiter... Ergänzen Sie den Text mit den passenden Formen von *être* oder *avoir* aus dem Kasten.

a | est | suis | a | est | ont | ai | avons | a | est | a | avons | as

Sandra __________ bien dans le cours de français. Elle __________ déjà des amis. Elle aime bien parler à Carolin par exemple: « Nous __________ une maison à quelques kilomètres de Francfort. Elle __________ petite mais les filles __________ chacune une chambre. Moi, j'__________ un bureau et nous __________ un balcon. Il y __________ un jardin aussi. C'__________ important pour le chien. Ah, oui, parce qu'on __________ un chien! Il s'appelle Ito et il __________ 3 ans. Tu __________ le temps pour un café la semaine prochaine? Je __________ en vacances. »

marié/-e	verheiratet	être de retour	wieder zurück sein
magnifique	wunderschön	à quelques kilomètres	ein paar Kilometer entfernt
chéri/-e	Liebling		
le médecin	Arzt	chacune	jede
malade	krank	la semaine prochaine	nächste Woche

26 Verben auf *-er*

Etwa 90 % der französischen Verben enden in der Grundform (Infinitiv) auf *-er*. Alle außer *aller* (siehe Kapitel 30) werden in der Gegenwart (Präsens) regelmäßig konjugiert, sie haben also alle die gleichen Endungen wie *jouer* (spielen).

Elle aime le jeu. Sie mag das Spiel.

START

Ein Spiel für alle. Unterstreichen Sie im Text die Verbformen von *jouer*.

Léo et Léa jouent aux cartes. Mamie arrive:

- ○ Vous jouez à quoi les enfants?
- ◆ Au UNO. Tu joues avec nous, Mamie?
- ○ Pourquoi pas? Je joue volontiers au UNO. Papi et moi, nous jouons souvent à ce jeu. Allez, on joue…
- ◆ Ouah… Tu joues bien, Mamie!

SEHEN

Ergänzen Sie die Tabelle mit den Verbformen, die Sie im Text unterstrichen haben.

	jouer (spielen)	
je	________________	ich spiele
tu	________________	du spielst
il / elle / on	________________	er / sie / man spielt
nous	________________	wir spielen
vous	________________	ihr spielt / Sie spielen
ils / elles	________________	sie spielen

Verben auf *-er*

VERSTEHEN

Ergänzen Sie nun die Regeln anhand der Tabelle.

- Jede Verbform besitzt einen festen Stamm, nämlich die Grundform des Verbs ohne die Endung *-er*: *jouer* → ________ .
- An diesen Stamm werden die folgenden Endungen angehängt:

je →	-e	*tu* →	________	*il / elle / on* →	________
nous →	________	*vous* →	________	*ils / elles* →	________

ANWENDEN

1. **Ordnen Sie die Formen der Verben *arriver*, *aimer*, *continuer* den Pronomen zu und geben Sie den Stamm an. Vorsicht: Einige Formen passen in zwei Zeilen.**

arrivez continue aiment continuons aimes arrive
aimons continuent arrives continuez

je / j'	________	________
tu	________	________
il / elle / on	________	________
nous	________	________
vous	________	________
ils / elles	________	________

Stamm von *arriver* ________
Stamm von *aimer* ________
Stamm von *continuer* ________

2. **Weitere Verben auf *-er*. Ergänzen Sie die Endungen und die Grundform.**

a. elle racont________ ________ (erzählen)
b. vous apport________ ________ (mitbringen)
c. ils pass________ ________ (verbringen)
d. nous parl________ ________ (sprechen)
e. tu trouv________ ________ (finden)
f. on oubli________ ________ (vergessen)

3. Die „Macht“ des Kartenspiels. Kreuzen Sie jeweils die richtige Verbform an.

Léo et Léa ☐ aiment / ☐ aimez jouer aux cartes à l'école. Léo ☐ raconte / ☐ racontent à Mamie pourquoi.
« Pendant les pauses, pas de portable ! Alors nous ☐ apporte / ☐ apportons des jeux de cartes. Avec les cartes, on ☐ passe / ☐ passons un bon moment. Les filles ☐ discutent / ☐ discutes avec les garçons. On ☐ trouve / ☐ trouvent des nouveaux copains. Et j' ☐ oublie / ☐ oubliez l'école. »

4. Eine Sängerin in der Familie. Ergänzen Sie die Verbformen und bringen Sie den Dialog zwischen Léo (○) und Mamie (◆) in die richtige Reihenfolge.

Papi et Mamie ______________ (adorer) aussi la musique. Papi ______________ (jouer) de la trompette et Mamie ______________ (chanter) dans une chorale.

1 ○ Mamie, tu ______________ (chanter) ?
____ ◆ Bien sûr ! Je t'______________ (inviter) avec Léa au prochain concert.
____ ○ Mais vous ______________ (chanter) quoi ?
____ ◆ Oui, je ______________ (chanter) dans une chorale.
____ ○ Vous ______________ (donner) des concerts ? Devant un public ?
____ ◆ Nous ______________ (chanter) de tout, du moderne, du classique. On ______________ (donner) des concerts aussi.

volontiers	gern
le portable	Handy
le copain	Schulfreund
chanter	singen
prochain/-e	nächste/r/s

27 Besonderheiten der Verben auf *-er*

Bei einigen Verben auf *-er* sind Besonderheiten in der Schreibung und/oder Aussprache zu beachten.
Diese Verben werden in drei Gruppen unterteilt:

- Verben auf *-ayer* und *-oyer* wie *essayer* (probieren), *envoyer* (schicken)
- Verben wie *acheter* (kaufen), *appeler* ((an)rufen) oder *préférer* (bevorzugen)
- Verben auf *-ger* und *-cer* wie *changer* (ändern), *commencer* (anfangen)

27 Besonderheiten der Verben auf *-er*

START

Ein geplantes Meeting bei Houbert. Unterstreichen Sie im folgenden Gespräch die Formen von *préférer*, *essayer*, *acheter*, *envoyer* und *appeler*.

- ○ Madame Blanc, nous commençons la réunion à 9 heures demain, salle 22.
- ◆ Oh, nous changeons de salle ?
- ○ Oui, vous préférez la 24, je sais... Mais Paul préfère la 22, j'essaie de faire plaisir à tout le monde... Est-ce que j'achète des biscuits pour le café ?
- ◆ Ou vous achetez des croissants ?
- ○ Des croissants, d'accord. Bon, j'appelle encore monsieur Lenoir.
- ◆ Vous appelez monsieur Lenoir ? Vous n'envoyez pas de courriel ?
- ○ Non, je n'envoie pas de courriel. Avec monsieur Lenoir, nous préférons discuter au téléphone.
- ◆ Et... pour la salle 24... Nous essayons de parler à Paul ? Et nous achetons des chocolats, il adore ça !

SEHEN

Ergänzen Sie nun die Tabelle mit den Verbformen, die Sie im Dialog unterstrichen haben.

	Verben auf -ayer u. -oyer		Verben auf -e/-é + Konsonant + er		
	essayer	**envoyer**	**acheter**	**appeler**	**préférer**
je / j'	________	________	________	________	préf**è**re
tu	essa**i**es	envo**i**es	ach**è**tes	appe**ll**es	préf**è**res
il / elle / on	essa**i**e	envo**i**e	ach**è**te	appe**ll**e	________
nous	________	envoy**ons**	________	appel**ons**	________
vous	essay**ez**	________	________	________	________
ils / elles	essa**ient**	envo**ient**	ach**è**tent	appe**ll**ent	préf**è**rent

VERSTEHEN

Ergänzen Sie nun die Regeln anhand des Textes und der Tabelle.

- Bei den Verben auf *-ayer* und *-oyer* wird bei allen Personen außer *nous* und *vous* das *y* zu ________ . Verben auf *-ayer* können das *y* aber auch beibehalten.
- Verben auf *-e/-é* + Konsonant + *-er* ändern außer bei *nous* und *vous* den Stamm: *e/é* wird zu ________ oder der letzte Konsonant verdoppelt sich.
- Wie die im Text enthaltenen Formen von *changer → nous* ________________ und *commencer → nous* ________________ zeigen, wird bei den Verben auf *-ger* in der *nous*-Form ein ________ eingefügt, bei denen auf *-cer* wird in dieser Form *c* zu ________ , damit die Aussprache erhalten bleibt (siehe Verbtabellen, S. 164).

ANWENDEN

1. **Ergänzen Sie die Tabelle mit den fehlenden Formen.**

Grundform	Einzahl	Mehrzahl
a. ________________	j'________________	nous appelons
b. payer	tu ________________	vous ________________
c. ________________	elle amène	elles ________________
d. répéter	tu ________________	vous ________________
e. ________________	je mange	nous ________________

2. **Ergänzen Sie mit den passenden Formen der angegebenen Verben.**

a. commencer

▲ La réunion ________________ à quelle heure ?

○ Nous ________________ à neuf heures.

b. voyager

□ M. Jolien ________________ comment ?

○ En train, mais les autres ____________ en avion.

c. préférer

◆ Qu'est-ce que tu ________________ comme boissons?

○ Paul et moi, nous ________________ les classiques: de l'eau, du thé, du café.

d. envoyer

□ Vous ________________ un courriel à M. Hardy?

○ Oui, mon service ________________ un courriel cet après-midi.

e. espérer

▲ J'________________ que Paul est d'accord.

✚ Nous ________________ que tout va bien se passer.

3. Erfolgsrezepte bei Houbert. Tragen Sie die fehlenden Verbformen ins Gitter ein und entdecken Sie in der markierten Spalte, was Houbert verkauft.

1. Vous (appeler) les clients régulièrement.
2. Tu (essayer) de toujours rester zen.
3. On (vouvoyer) les clients.
4. Nous (partager) le travail.
5. Ils (répéter) les points importants.
6. Nous (employer) les meilleurs.

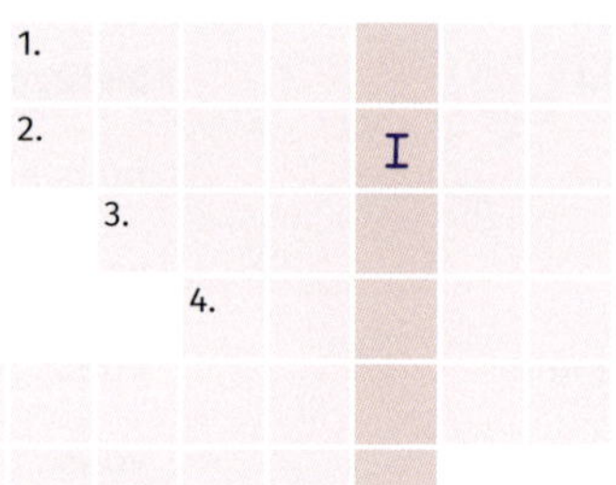

Lösungswort: des ________________

la réunion	Versammlung, Treffen, Meeting	tout va bien se passer	alles wird gut
la salle	Raum	vouvoyer	siezen
faire plaisir à tout le monde	es jedem recht machen	partager	aufteilen
		employer	beschäftigen
le courriel	E-Mail	le meilleur	der Beste

28 Verben auf *-ir*

Bei den Verben auf *-ir* unterscheidet man zwei Gruppen: die meisten werden wie *finir* (beenden) konjugiert, einige wenige aber wie *sortir* (ausgehen).
*Nous **finissons** notre travail, puis nous **sortons** en ville.*
Wir beenden unsere Arbeit, dann gehen wir in die Stadt.

START

Unterstreichen Sie im Dialog die Verbformen von *finir* und *sortir* und sehen Sie sich die hervorgehobenen Formen von Verben auf *-ir* an.

◆ C'est terrible, je **dors** devant la télé le soir...
○ Alors, on sort ! Nous finissons le diner et nous sortons en ville !
◆ Non, je ne sors plus à cette heure.
○ Alors samedi, on **réunit** les amis et tu sors avec nous !
◆ Oui ! Nous allons au cinéma ! On **choisit** un bon film...
○ Mais non, tu **dors** aussi au cinéma !

SEHEN

Ergänzen Sie die Tabelle mit den Verbformen.

	finir	sortir
je	finis	________
tu	finis	________
il / elle / on	finit	________
nous	________	________
vous	finissez	sortez
ils / elles	finissent	sortent

VERSTEHEN

Ergänzen Sie nun die Regeln.

- Alle Verben auf *-ir* enden in der Einzahl auf ______ , ______ , ______ .
- Die Verben vom Typ *finir* erweitern in der ☐ Einzahl ☐ Mehrzahl den Stamm durch *-iss*: *nous* ____________ .

Verben auf *-ir*

- Bei Verben vom Typ *sortir* verliert der Stamm in der ☐ Einzahl ☐ Mehrzahl seinen Endkonsonanten: *sortir* → *sor-* (Stamm) → *je sors*, *tu sors*, *il sort*.

! Lernen Sie bei Verben auf *-ir* immer die 1. Personen Einzahl und Mehrzahl. Diese Formen zeigen Ihnen, zu welchem Typ das Verb gehört.
Verben vom Typ *finir*: *applaudir*, *choisir*, *réunir* (versammeln), *réfléchir* (überlegen)
Verben vom Typ *sortir*: *dormir*, *partir*, *servir*

ANWENDEN

1. Setzen Sie die Verbformen richtig ein.

choisit finissent finit réunissons choisissent réfléchis applaudissez réfléchissent

a. Pour samedi, est-ce que nous ______________ les amis?
b. On va au cinéma, on ______________ quel film?
c. Ils ne ______________ pas le diner...
d. J'ai invité nos amis, mais ils ______________ encore...
e. À quelle heure est-ce que le film ______________?
f. Vous n'aimez pas le spectacle? Vous n'______________ pas?
g. Tu cherches un bon film? Attends, je ______________...
h. Ils ______________ le film de 22 heures.

2. Marc macht Vorschläge für das Wochenende. Bilden Sie Sätze mit *on*.

a. choisir un bon film — *On choisit un bon film?*
b. réunir la famille ______________?
c. sortir avec des amis ______________?
d. dormir jusqu'à midi ______________?
e. finir un livre ______________?
f. partir en weekend ______________?

! Einzelne Verben auf *-ir* wie *offrir* (schenken) und *ouvrir* (öffnen) werden in der Gegenwart wie Verben auf *-er* konjugiert (siehe Kapitel 26): *j'offre*, *tu offres* usw.

3. Ein schönes Wochenende in Saint-Malo. Ergänzen Sie mit den Verbformen.

◆ Alors Marc, tu es d'accord ? Nous ________________ (partir) en weekend à Saint-Malo ! Tu ________________ (choisir) un hôtel avec vue sur la mer et un petit restaurant sympa. Tu réserves pour le weekend prochain ?

À l'hôtel à Saint-Malo

◆ Est-ce qu'ils ________________ (servir) le petit-déjeuner dans la chambre ? Et le restaurant ________________ (ouvrir) à quelle heure ?

○ Marc, je ________________ (dormir) ! Regarde dans la brochure.

◆ Nous ________________ (sortir) ou tu ________________ (dormir) encore ?

○ Bon, je ________________ (sortir) avec toi !

◆ Alors, je ________________ (finir) la brochure et on ________________ (partir) visiter Saint-Malo !

terrible	schlimm	la vue sur la mer	Meerblick
à cette heure	um diese Uhrzeit	prochain/-e	nächste/r/s

29 Verben auf -*dre*

Die meisten Verben auf -*dre* sind regelmäßig und werden wie *vendre* (verkaufen) konjugiert, ein paar unregelmäßige jedoch wie *prendre* (nehmen).

Ils vendent deux fauteuils.	Sie verkaufen zwei Sessel.
Leurs fauteuils prennent trop de place.	Ihre Sessel nehmen zu viel Platz weg.

29 Verben auf *-dre*

START

Sessel zu verkaufen. Unterstreichen Sie im Telefongespräch alle Formen von *vendre* und *prendre*.

- ○ Allô !
- ◆ Allô ! Bonjour madame Legrand. C'est Vincent Vintage. Vous vendez vos fauteuils ?
- ○ Bonjour monsieur Vintage. Oui, nous vendons nos deux fauteuils. Ils prennent trop de place.
- ◆ Combien ?
- ○ On vend les deux pour 600 euros.
- ◆ Je suis intéressé. Je prends les deux pour 500 euros.
- ○ Vous les prenez pour 500 euros ?… Une minute… Charles, monsieur Vintage prend les fauteuils pour 500 euros. Tu es d'accord ?

SEHEN

Ordnen Sie die Verbformen nun in die Tabelle ein.

	vendre (verkaufen)	prendre (nehmen)
je	vend**s**	________
tu	vend**s**	prend**s**
il / elle / on	________	________
nous	________	pren**ons**
vous	________	________
ils / elles	vend**ent**	________

VERSTEHEN

Ergänzen Sie nun die Regeln anhand der Tabelle.

- *Vendre* und *prendre* werden in der Einzahl nach dem gleichen Muster konjugiert: Die *je-* bzw. *tu-*Formen enden auf ______ , in der 3. Person Einzahl wird keine Endung an den Stamm ________ bzw. ________ angehängt.

- In der Mehrzahl behalten die Verben vom Typ *vendre* den Stamm bei.
- Verben vom Typ *prendre* verlieren dagegen in der Mehrzahl das *d:*

nous ______________ *vous* ______________ *ils / elles* ______________

ANWENDEN

1. Ergänzen Sie die Formen von *vendre* und *prendre*.

a. Madame Legrand et son mari v__________ deux fauteuils.

b. Chéri, tu p__________ les deux fauteuils des Legrand?

c. Madame Legrand et madame Vintage p__________ le café ensemble le mardi.

d. Vous p__________ des cours de français? Parce que je v__________ aussi des livres de français!

2. Ordnen Sie die angegebenen Formen in die Tabelle ein und ergänzen Sie dann die entsprechenden Formen in der Einzahl und die Grundform.

attendez reprennent répondent apprenez descendons comprenons

Typ *vendre*

a. nous ______________ je ______________ ______________

b. vous ______________ tu ______________ ______________

c. elles ______________ il ______________ ______________

Typ *prendre*

d. nous ______________ je ______________ ______________

e. vous ______________ tu ______________ ______________

f. elles ______________ il ______________ ______________

3. Ergänzen Sie den Dialog zwischen Herrn und Frau Legrand mit den passenden Verbformen.

○ Alors... Charles... Monsieur Vintage ______________ (prendre) les deux fauteuils pour 500 euros! Qu'est-ce qu'on ______________ (répondre)? Nous ______________ (attendre) une autre offre ou nous ______________ (prendre) son offre?

◆ Je ne ______________ (comprendre) pas, c'est 500 euros ou 600 euros?

- ○ 500 euros. Mais, tu ______________ (comprendre), les Vintage sont très sympathiques. Tous les jours, ils ______________ (prendre) le journal pour nous, ils ______________ (descendre) nos poubelles...
- ◆ C'est vrai ! Allez, on n'______________ pas (attendre), nous ______________ (répondre) que nous ______________ (vendre) nos deux fauteuils pour 500 euros.

le fauteuil	Sessel	l'offre *w*	Angebot
reprendre	wieder aufnehmen	la poubelle	Müll

30 Wichtige unregelmäßige Verben

Neben *être* und *avoir* (siehe Kapitel 25) sind auch weitere sehr häufig gebrauchte Verben unregelmäßig: *aller*, *faire*, *dire*, *écrire*, *lire*, *mettre*, *venir* und *voir*. Lernen Sie deren Formen am besten auswendig.

START

Lesen Sie Sandras Brief an ihre Freundin Claire und markieren Sie die 18 Formen der 8 oben stehenden Verben.

Ma très chère Claire,

Tu vois, j'écris en français ! Oui, oui, tu lis bien... Je vais à mes cours une fois par semaine à vélo. C'est tout près, je mets dix minutes. La prof dit que je fais des progrès. Mais le français n'est pas facile ! Heureusement, les cours sont intéressants. Nous lisons le journal et nous faisons aussi beaucoup de jeux de rôle. Cette semaine, nous allons au cinéma ensemble et après, nous écrivons une critique.
Et toi, tu vas bien ou plutôt vous allez bien, Jean et toi ? Qu'est-ce que vous faites à Pâques ? Vous venez en Allemagne ou on vient en France ? Vous voyez ensemble et vous me dites, d'accord ?

Bisous et à bientôt,
Sandra

SEHEN

Vervollständigen Sie nun die Tabelle mit den markierten Verbformen und deren Grundformen (Infinitiven).

	aller (gehen, fahren)	______ (sagen)	______ (schreiben)	______ (machen)
je / j'	______	dis	______	______
tu	______	dis	écris	fais
il / elle / on	va	______	écrit	fait
nous	______	disons	______	______
vous	______	______	écrivez	______
ils / elles	vont	disent	écrivent	font

	______ (lesen)	______ (stellen, legen)	______ (kommen)	______ (sehen)
je	lis	______	viens	vois
tu	______	mets	viens	______
il / elle / on	lit	met	______	voit
nous	______	mettons	venons	voyons
vous	lisez	mettez	______	______
ils / elles	lisent	mettent	viennent	voient

VERSTEHEN

Ergänzen Sie die folgenden Aussagen mithilfe der Konjugationstabelle.

- Für die meisten Verben gelten die folgenden Endungen:

  je → -s *tu* → ______ *il / elle / on* → ______

  nous → ______ *vous* → ______ *ils / elles* → ______

- Ausnahmen: *il / elle / on va*, *vous dites*, *vous faites*, *ils / elles vont* und *ils / elles font*

30 Wichtige unregelmäßige Verben

ANWENDEN

1. **Kreuzen Sie jeweils die richtige Verbform an.**

   a. Sandra ☐ écrit / ☐ écrivent une lettre en français à son amie Claire.

   b. Sandra ☐ vois / ☐ voit Claire deux fois par an.

   c. Elles ☐ allons / ☐ vont parfois à Paris et ☐ fait / ☐ font les magasins.

   d. Claire et son mari ☐ venez / ☐ viennent de Lille, ils ☐ met / ☐ mettent deux heures en train pour aller à Paris.

2. **Claire antwortet auf Sandras Brief. Ergänzen Sie ihren Text mit den passenden Verbformen.**

Ma très chère Sandra,

Nous ___________ (aller) très bien, merci.

Je ___________ (lire) ta lettre en français avec beaucoup de plaisir.

Tu ___________ (faire) des progrès, c'est sûr ! Je ne ___________ (voir) pas de fautes.

Et oui, oui, nous nous ____________________ (voir) à Pâques ! Nous ___________ (venir) à Stuttgart jeudi soir, nous n' ___________ (aller) pas au travail vendredi. Vous ___________ (être) là jeudi soir ?

On ___________ (aller) dans un petit restaurant ? Tu ___________ (écrire) un texto et tu me ___________ (dire), d'accord ?

Grosses bises,

Claire

PS : Qu'est-ce que vous ___________ (lire) comme journal en cours ?

Je ___________ (mettre) des magazines français pour toi dans ma valise !

3. Verbrätsel. Lösen Sie das Rätsel und finden Sie das Lösungswort, das eine wichtige Hilfe beim Französischlernen beschreibt.

P

a. Nous ______ des romans.
b. On ______ au restaurant ensemble.
c. Vous ______ des jeux de rôle.
d. Tu ______ des lunettes pour lire.
e. La prof ______ de Paris.
f. J' ______ des petits textes.

Lösungswort: le ______________

une fois par semaine	einmal wöchentlich	voir ensemble	*hier:* zusammen überlegen
le progrès	Fortschritt	Pâques	Ostern
heureusement	zum Glück	parfois	manchmal
le jeu de rôle	Rollenspiel	le plaisir	Freude, Spaß
plutôt	eher	la faute	Fehler

31 Reflexive Verben

Die reflexiven Verben werden mit einem Reflexivpronomen verwendet, Subjekt und Pronomen beziehen sich auf die gleiche Person.

Le dimanche, je ***me repose****.* Ich erhole mich sonntags.

Diese Verben können unterschiedliche Infinitivendungen haben:

*se lev****er****, se souven****ir****, se détend****re*** (sich entspannen) …

Die meisten Verben, die im Französischen reflexiv sind, sind es auch im Deutschen. Aber Achtung: Manche Verben sind im Französischen reflexiv, im Deutschen dagegen nicht:
s'appeler (heißen), *se baigner* (baden), *se coucher* (schlafen gehen), *s'endormir* (einschlafen), *se lever* (aufstehen), *se marier* (heiraten), *se promener* (spazieren gehen).

31 Reflexive Verben

START

Kaffeepause! Unterstreichen Sie im Dialog die Formen von *se reposer*.

- o Allez, on fait une petite pause ? On se repose un peu ?
- ◆ D'accord Aline, on prend un café ?
- o Oui, merci. Ah... Moi, je me repose bien mieux à la piscine. Et toi, Marc ?
- ◆ Moi, dans mon jardin ! Je trouve qu'ici, nous ne nous reposons pas assez...
- ▲ Salut ! Alors, vous vous reposez déjà ? Fini le travail ?
- ◆ Non, non, on ne se repose pas, on médite ! On trouve que les collègues ne se reposent pas assez... Tu veux un café ? Allez, toi aussi, tu te reposes un peu ?

SEHEN

Ergänzen Sie die Tabelle mit den Verbformen.

	se reposer (sich erholen)	
je	______ ______________	ich erhole mich
tu	______ ______________	du erholst dich
il / elle / on	______ ______________	er / sie / man erholt sich
nous	______ ______________	wir erholen uns
vous	______ ______________	ihr erholt euch / Sie erholen sich
ils / elles	______ ______________	sie erholen sich

VERSTEHEN

Wie lauten die Regeln? Ergänzen Sie.

- Die Reflexivpronomen stehen direkt ________ dem Verb, sie lauten: ________, ________, ________, ________, ________, ________.
- Vor Vokal oder stummem h werden _____, _____, _____ zu *m', t', s'*.
- Anders als im Deutschen umklammert die Verneinung das ____________ ____________ und das ____________ : *On* ________________________.

ANWENDEN

1. **Ergänzen Sie den Chat mit den passenden Reflexivpronomen.**

Qu'est-ce que tu fais ? 11:08 ✔✔

Je _____ repose, je suis encore en pyjama. Et toi ? 11:10 ✔✔

Je _____ ennuie... Il fait beau, on ____ promène un peu ? 11:11 ✔✔

😑 11:12 ✔✔

Allez, tu _____ douches, tu _____ habilles et on _____ retrouve devant chez moi. 11:14 ✔✔

Lucie et André viennent aussi ? 11:15 ✔✔

Peut-être... Nous pouvons _______ promener avec eux... 11:17 ✔✔

Ou bien vous _______ promenez tous les trois et moi, je regarde un film... 😃 11:19 ✔✔

😡 Tu _______ moques de moi ? 11:20 ✔✔

Mais non... Ok, nous _______ retrouvons dans une heure ? 11:22 ✔✔

2. **Ergänzen Sie mit den passenden Formen der angegebenen Verben.**

- Ça _________________ (se passer) comment chez vous le matin ?
- Je _________________ (se lever) la première à 6 heures, je _________________ (se doucher) et je _________________ (s'habiller). Puis je réveille les enfants, mais ils _______________________ (se rendormir) souvent.

- Et vous ________________ (se dépêcher) pour avoir le métro! Je connais! Mais vous ________________ (se coucher) tôt?
- Non, Olivier et moi, on ________________ (ne pas s'endormir) avant minuit, et les enfants ________________ (se coucher) vers 22 heures… Et toi, tu ________________ (se coucher) à quelle heure?
- Vers 21 heures. Le weekend, on ________________ (se lever) tard, mais pas Bruno, et il ________________ (s'ennuyer), alors il va chercher des croissants!

3. Übersetzen Sie die Sätze mit reflexiven Verben.

a. Die neue Nachbarin heißt Pascale.

____

b. Du erholst dich gut im Garten.

____

c. Lucie und André gehen mit Zoé spazieren.

____

d. Aber Zoé will baden.

____

e. Louis und Emma heiraten im Oktober.

____

f. Ihr schlaft oft wieder ein.

____

la piscine	Schwimmbad	réveiller	wecken
s'ennuyer	sich langweilen	se rendormir	wieder einschlafen
s'habiller	sich anziehen	se dépêcher	sich beeilen
la première	als Erste	avant minuit	vor Mitternacht

★ 32 Modalverben: *devoir, pouvoir, savoir, vouloir*

Die unregelmäßigen Verben *devoir*, *pouvoir*, *savoir* und *vouloir* sind sogenannte Modalverben, wenn sie zusammen mit einem anderen Verb verwendet werden.

*Tu **dois** venir.* Du **sollst** kommen. *Je **sais** cuisiner.* Ich **kann** kochen.

START

In einer Wohngemeinschaft. Unterstreichen Sie im Dialog die Formen der 4 Modalverben und sehen Sie sich die Position der Verben im Satz an.

- ○ Arthur, tu sais faire le bœuf bourguignon ?
- ◆ Oh non, moi, je ne sais pas cuisiner… Mais demande à Julien, il veut toujours faire la cuisine.
- ○ Oui, mais il ne peut pas venir maintenant. Nous pouvons essayer, toi et moi ?
- ◆ Pourquoi pas ? Nous devons juste trouver une bonne recette, ça ne doit pas être difficile…
- ○ Je peux chercher sur Internet, si tu veux.
- ◆ D'accord, on peut essayer. Et sinon, on appelle Sophia et Cédric, ils savent tout faire.

SEHEN

Ergänzen Sie die Tabelle mit den unterstrichenen Verbformen.

	devoir (müssen, sollen)	**pouvoir** (können, dürfen)	**savoir** (können, wissen)	**vouloir** (wollen)
je	dois	______	______	veux
tu	dois	peux	______	______
il / elle / on	______	______	sait	______
nous	______	______	savons	voulons
vous	devez	pouvez	savez	voulez
ils / elles	doivent	peuvent	______	veulent

VERSTEHEN

Ergänzen Sie nun die Regeln zu den Modalverben.

- Beachten Sie die verschiedenen Stämme der vier Modalverben. Bei allen werden in der Einzahl die Endungen: *-s* oder ______ , *-s* oder ______ , *-t* angehängt und in der Mehrzahl *-ons*, *-ez*, *-ent*.
- Nach den Modalverben folgt ein Verb im ☐ Imperativ (Befehlsform). ☐ Infinitiv (Grundform).
- Modalverben drücken aus, ob man etwas tun will, muss, kann oder soll. „Sollen“ und „müssen“ werden beide im Französischen mit __________ übersetzt, *pouvoir* bedeutet sowohl __________ als auch __________ .

Das Verb *devoir* wird seltener verwendet als das deutsche „müssen“, denn der unpersönliche Ausdruck *il faut* ist gebräuchlicher:
On doit faire le ménage. / Il faut faire le ménage. Man muss putzen.
Die Verneinung aber hat die Bedeutung von „nicht dürfen, nicht brauchen“:
On ne doit pas / Il ne faut pas faire le ménage. Man braucht nicht zu putzen.

ANWENDEN

1. WG-Organisation. Ergänzen Sie den Dialog.

◆ Nous ______________ (devoir) faire le ménage. Qui ______________ (pouvoir) passer l'aspirateur ?

○ Moi, je ______________ (vouloir) bien. Et il faut faire la vaisselle.

◆ Je ______________ (pouvoir) la faire. Simon, tu ______________ (pouvoir) m'aider ?

▲ D'accord. Sophia et Cédric, vous ______________ (pouvoir) faire les courses ?

○ Bien sûr, nous ______________ (pouvoir) passer au supermarché cet après-midi.

□ Simon et moi, nous ______________ (vouloir) faire un bœuf bourguignon dimanche... On ne ______________ (savoir) pas cuisiner, mais on ______________ (pouvoir) essayer...

2. Simon und Arthur brauchen doch Hilfe beim Kochen. Kreuzen Sie die richtigen Verben an.

▲ Allô ? Cédric, tu ☐ veux / ☐ peux nous aider pour la cuisine ?
○ Vous ☐ savez / ☐ voulez vraiment cuisiner ?
◆ Oui. Qu'est-ce qu'on ☐ doit / ☐ sait acheter comme viande ?
○ Vous ☐ voulez / ☐ devez demander pour un bœuf bourguignon !
◆ Et nous ☐ devons / ☐ savons acheter quel vin ? Un vin de Bourgogne ? Mais ils sont chers !
○ Vous ☐ voulez / ☐ pouvez faire un bœuf aux carottes ! C'est plus facile et moins cher. Il ne ☐ faut / ☐ doit pas de vin.
◆ Tu ☐ dois / ☐ peux nous dire où est cette recette ?
○ C'est dans le livre jaune, « Je ☐ dois / ☐ sais cuisiner » !

Dem deutschen Verb „können" entsprechen *savoir* oder *pouvoir*.
„Er kann kochen" übersetzt man also je nach Situation mit:

Il sait cuisiner.	Er weiß / hat gelernt zu kochen.
Il peut cuisiner.	Er hat Zeit / Gelegenheit zu kochen.

3. Übersetzen Sie und verwenden Sie dabei Modalverben.

a. Arthur und Simon können nicht kochen.

____

b. Cédric kann Arthur und Simon helfen.

____

c. Simon kann einen anderen Wein kaufen.

____

d. Ich kann gut einen Wein auswählen (choisir).

____

e. Kannst du heute staubsaugen?

____

le bœuf bourguignon	Rindseintopf mit Rotwein	faire la vaisselle	spülen
sinon	ansonsten	la viande	Fleisch
passer l'aspirateur	staubsaugen		

33 *Passé composé* mit *avoir* und *être*

Mit dem *passé composé* können Sie über Ereignisse in der Vergangenheit sprechen. Es besteht wie das deutsche Perfekt aus zwei Teilen: dem Hilfsverb *avoir* oder *être* und dem Partizip Perfekt des eigentlichen Verbs.

*Tu **as téléphoné**.*	Du **hast angerufen**.
*Il **est parti**.*	Er **ist weggefahren**.

START

Elsa in Paris. Unterstreichen Sie im Text die Verbformen im *passé composé*: blau die Formen mit *avoir* und grün die mit *être*.

Je suis allée à Paris la semaine dernière, je suis descendue à la gare de l'Est. J'ai dormi chez mes cousins, Estelle et François. Le soir, nous avons mangé dans une crêperie. Jeudi, mes cousins sont allés travailler et moi, j'ai visité le Musée d'Orsay. Le soir, nous sommes sortis, François a choisi une boite de jazz, nous avons vraiment passé une très bonne soirée! Vendredi, Estelle n'est pas allée travailler: elle et moi, nous sommes parties à Versailles en train.

SEHEN

Ergänzen Sie die beiden Tabellen mit den Verbformen des *passé composé* und achten Sie dabei auf die zwei verschiedenen Hilfsverben.

	avoir	Partizip Perfekt	
je / j'	____________	____________ ____________	ich habe geschlafen ich habe besichtigt
tu	as	mangé	du hast gegessen
il / elle / on	____________	____________	er / sie / man hat ausgesucht
nous	____________	____________ ____________	wir haben gegessen wir haben verbracht
vous	avez	mangé	ihr habt / Sie haben gegessen
ils / elles	ont	mangé	sie haben gegessen

	être	Partizip Perfekt männlich	 weiblich	
je	______	allé descendu	______ ______	ich bin gegangen ich bin ausgestiegen
tu	es	allé	allée	du bist gegangen
il / elle / on	______	allé	______	er / sie / man ist gegangen
nous	______	allés ______ partis	allées sorties ______	wir sind gegangen wir sind ausgegangen wir sind weggefahren
vous	êtes	allés	allées	ihr seid / Sie sind gegangen
ils / elles	______	______	allées	sie sind gegangen

VERSTEHEN

Ergänzen Sie nun die Regeln mithilfe der Tabellen.

- Das Partizip Perfekt (*participe passé*) wird regelmäßig mit diesen Endungen gebildet:
  Verben auf *-er* → ____ *manger* → ______
  Verben auf *-ir* → ____ *dormir* → ______
  Verben auf *-dre* → ____ *descendre* → ______
- Mit dem Hilfsverb ______ ist das Partizip Perfekt unveränderlich, mit ______ wird das Partizip dem Subjekt angeglichen, wie ein Adjektiv.
- Bei der Verneinung rahmen ____ und ____ das Hilfsverb ein, nicht das Partizip Perfekt.

! Hilfsverb und Partizip Perfekt stehen nebeneinander im Satz. Wie im Deutschen können Adverbien zwischen Hilfsverb und Partizip stehen, aber nicht das Objekt.
*Nous avons **vraiment** passé une bonne soirée.*
Wir haben **wirklich** einen schönen Abend verbracht.

33 *Passé composé* mit *avoir* und *être*

ANWENDEN

1. Setzen Sie die Verben ins *passé composé*. Alle benötigen das Hilfsverb *avoir*.

a. Tu ______ déjà ____________ (visiter) Paris ?

b. Elsa et ses cousins ______ ____________ (écouter) du jazz vendredi soir.

c. Vous ______ ____________ (trouver) un bon hôtel, vous ______ bien ____________ (dormir) ?

d. Nazim ______ ____________ (oublier) le nom de l'hôtel où il ______ ____________ (passer) un bon séjour.

e. Nous ______ ____________ (finir) la soirée au bistro « Chez Georges ».

f. Tu ______ ____________ (répondre) à l'invitation de ton oncle à Paris ?

! Die meisten Verben bilden das *passé composé* mit *avoir*. Vor allem Verben der Bewegung und des Verweilens wie *aller*, *arriver*, *descendre*, *monter*, *sortir*, *partir* und *rester* bilden das *passé composé* mit *être*.

2. Touristen in Paris. Ergänzen Sie, wenn nötig, die Endung des Partizip Perfekts und ordnen Sie die richtige Antwort zu.

1. Jérôme et Serge sont descendu____ à la station Opéra. ____
2. Rebecca et Florence sont arrivé____ par le train de 10h33. ____
3. Théo est monté____ par l'escalier, et Ella est monté____ par l'ascenseur. ____
4. Gilles et Jennifer sont allé____ du Pont Neuf au Pont d'Iéna. ____
5. Adeline est resté____ longtemps à regarder les statues. ____

a. la gare de l'Est b. le métro c. le musée Rodin
d. la Tour Eiffel e. le batobus

3. Elsas Pläne für Paris. Formulieren Sie, was sie getan hat und was nicht. Vergessen Sie nicht, das Partizip, wenn nötig, anzugleichen.

a. visiter le Musée d'Orsay ✔ / passer la soirée au Louvre

Elsa a visité le Musée d'Orsay, mais elle n'a pas passé la soirée au Louvre.

b. regarder la vue sur Paris à Montmartre

____

c. aller au château de Versailles ✔

____

d. louer un vélo ✔ / monter sur un batobus

e. choisir un parfum aux Galeries Lafayette ✔

f. diner dans une grande brasserie

la boite de jazz	Jazzclub	l'ascenseur *m*	Aufzug
passer la soirée	den Abend verbringen	le pont	Brücke
le séjour	Aufenthalt	le batobus	Pendelschiff auf der Seine
l'invitation *w*	Einladung		
l'escalier *m*	Treppe	louer	mieten

34 Unregelmäßige *participes passés*

Einige häufige Verben bilden das *participe passé* unregelmäßig. Sie sollten diese Partizipien auswendig lernen, denn sie werden oft verwendet.

*Je **prends** des cours de danse. Et toi, tu as déjà **pris** des cours?*

Ich nehme Tanzunterricht, und du, hast du schon Tanzunterricht genommen?

START

Feiern wir den Elysee-Vertrag! Unterstreichen Sie alle Partizipien im Text.

Samedi soir, nous avons été au bal franco-allemand pour l'anniversaire du Traité de l'Élysée. Nous avons fait la connaissance d'autres couples franco-allemands et nous avons bu un verre de champagne ensemble. Un orchestre est venu d'Alsace pour la soirée, il a mis une bonne ambiance!

Nous avons vu un petit spectacle organisé par le club de danse de la ville. Nous aussi, nous avons pu danser. Nous avons pris des cours pendant cinq ans, alors la valse viennoise, le tango et le tchatcha, pas de problème pour nous! Nous avons eu une super soirée!

34 Unregelmäßige *participes passés*

SEHEN

Ordnen Sie die *participes passés* nun der passenden Grundform zu.

être	été	gewesen	voir	______	gesehen
faire	______	gemacht	pouvoir	______	gekonnt
boire	______	getrunken	prendre	______	genommen
venir	______	gekommen	avoir	______	gehabt
mettre	______	gesetzt, gestellt	lire	lu	gelesen

VERSTEHEN

Ergänzen Sie die Regeln mithilfe der Tabelle.

- Einige Partizipien sind sehr kurz und enden auf *-u*, wie: ______ , ______ , ______ , ______ , ______ . Auch das Partizip Perfekt aller Modalverben endet wie bei *pouvoir* auf *-u*: *vouloir* → *voulu* *devoir* → *dû* *savoir* → *su*
- Die Verben *apprendre* und *comprendre* bilden das Partizip Perfekt wie *prendre*: *apprendre* → ______ *comprendre* → ______

Anders als im Deutschen hat *être* im *passé composé* als Hilfsverb *avoir*:
*j'**ai** été, nous **avons** été* ich bin gewesen, wir sind gewesen

ANWENDEN

1. **Nummerieren Sie die Dominosteine so, dass die richtigen Grundformen und die Partizipien aneinanderstoßen.**

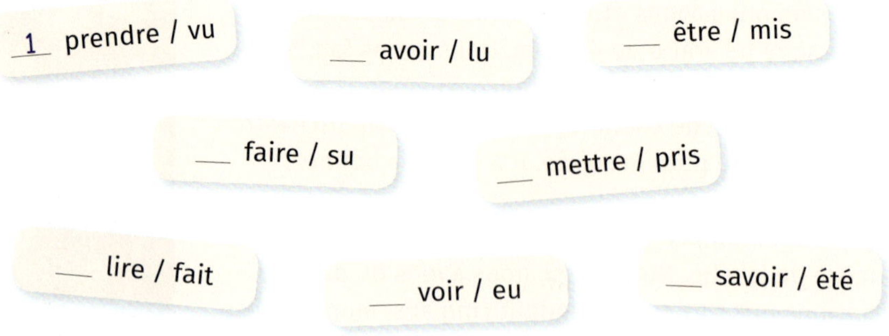

2. Beim Treffen mit den Freunden aus der Partnerstadt.
Ergänzen Sie die Dialoge mit dem *passé composé*.

a. ○ Vous _______ _________ (faire) bon voyage ?
◆ Oui, nous n'_______ pas _________ (avoir) de bouchon !

b. ○ Vous _______ _________ (venir) avec toute la famille, c'est super !
◆ Oui, on _______ _________ (pouvoir) prendre des congés.

c. ▲ Vous _______ déjà _________ (boire) un café ?
◆ J'_______ _________ (prendre) un thé, mais je veux bien un café.

d. ◆ Tu _______ _________ (lire) le programme ?
▲ Non, je n'_______ pas _________ (vouloir), j'aime les surprises.

e. ○ Alors, le bal ? Tu _______ _________ (devoir) danser ?
◆ Oui, Juliane _______ _________ (être) très contente !

3. Setzen Sie die Sätze ins *passé composé*.

a. Vous êtes au bal à quelle heure ?

____

b. Je vois Heike et Léon danser.

____

c. Je ne peux pas participer au cours de danse.

____

d. Tu as mal aux pieds ? On danse trop ?

____

e. L'orchestre sait faire danser tout le monde.

____

f. Ils boivent du champagne pour fêter le Traité.

____

faire la connaissance	kennenlernen	prendre des congés	Urlaub nehmen
le couple	Paar	participer	teilnehmen
l'ambiance *w*	Stimmung	avoir mal aux pieds	Schmerzen in den Füßen haben
la valse viennoise	Wiener Walzer		
le bouchon	*hier:* Stau		

★ 35 *Passé composé* der reflexiven Verben

Entdecken Sie das *passé composé* der reflexiven Verben (siehe Kapitel 31).
Je me suis bien amusée. Ich habe mich gut amüsiert.

START

Unterstreichen Sie im Brief die Formen von *s'amuser* im *passé composé*.

Chère Christine,

Dimanche, nous avons fêté l'anniversaire de Paul.
Nous nous sommes bien amusés ! Paul a invité des collègues et des amis avec leurs enfants. Tom et Lila se sont bien amusés avec eux. Je me suis bien amusée aussi.
Paul s'est amusé toute la soirée, il a dansé jusqu'à 2h du matin !
Je t'envoie des photos de la fête. Regarde... Notre chatte Minette, elle, ne s'est pas trop amusée... !
À très bientôt ! J'espère que tu t'es amusée aussi à Nice ! Comment s'est passé le mariage ?

Bises, Sandrine

SEHEN

Ergänzen Sie die Tabelle mit den Verbformen und dem Hilfsverb.

	Reflexiv-pronomen	______ als Hilfsverb	Partizip Perfekt männlich	weiblich
je	______	______	amusé	______
tu	______	______	amusé	______
il / elle / on	______	______	______	______
nous	______	______	______	amusées
vous	vous	êtes	amusés	amusées
ils / elles	______	______	______	amusées

VERSTEHEN

Ergänzen Sie nun die Regeln mithilfe des Textes.

- Die reflexiven Verben bilden das *passé composé* mit ____________ .
  Deshalb richtet sich das Partizip aller reflexiven Verben in Geschlecht und Zahl nach dem ____________ (siehe Kapitel 33).
- Bei der Verneinung umklammern ____________ und ____________ das Reflexivpronomen und das Hilfsverb: *Minette **ne s'est pas** trop amusée.*

ANWENDEN

1. **Ergänzen Sie, wenn nötig, die Partizipien.**

   a. Paul, tu t'es bien reposé___ après la fête ? Tu t'es endormi___ à quelle heure ?
   b. Sandrine s'est couché____ avant Paul, elle s'est endormi___ tout de suite.
   c. Minette et Mina, les chattes, se sont caché___ sous le canapé !
   d. Lila ne s'est pas ennuyé___ hier, et Tom s'est occupé___ des petits.
   e. Hier, Sandrine et Paul se sont promené___ en forêt avec les enfants.

2. **Christine in Nizza. Ergänzen Sie die Sätze mit Verben im *passé composé*.**

Pendant mon séjour à Nice, je ____________ (se lever) souvent à 9h et je ____________ (se baigner) dans la piscine de l'hôtel. Avec mes cousines, nous ____________ (se promener) en ville ou dans les villages au-dessus de Nice. Nathalie et Yves ____________ (se marier) dans la chapelle de Jean Cocteau, à côté de Fréjus. Je ____________ (bien s'amuser) au mariage ! Nous ____________ (se coucher) à 4h du matin ! Le lendemain, je ____________ (s'installer) sur un transat au bord de la mer...

Das deutsche „heiraten" wird mit *se marier* übersetzt. *Marier* heißt „vermählen".

Nathalie et Yves se marient dans la chapelle.	Nathalie und Yves heiraten in der Kapelle.
Le prêtre marie Nathalie et Yves.	Der Pfarrer vermählt Nathalie und Yves.

3. Antworten Sie mit der Verneinung. Ordnen Sie danach den Grund richtig zu.

1. ____ Tu t'es bien amusée hier? Non, je ____________________
2. ____ Vous vous êtes baignés? Non, nous ____________________
3. ____ Emma s'est excusée? Non, elle ____________________
4. ____ Ils se sont mariés en mai? Non, ils ____________________
5. ____ Tu t'es levé à 7h? Non, je ____________________

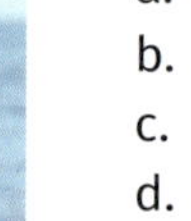

a. Elle a oublié.
b. mais en octobre
c. Je me suis ennuyée.
d. mais à 6h
e. L'eau est froide.

le mariage	die Hochzeit
s'ennuyer	sich langweilen
la chapelle	Kapelle
Jean Cocteau	frz. Schriftsteller, Regisseur und Maler

★ 36 *Imparfait:* Bildung und Gebrauch

Neben dem *passé composé* gibt es eine zweite Zeit der Vergangenheit: das *imparfait*. Das *imparfait* wird verwendet, um Zustände, gewohnheitsmäßige sowie andauernde Handlungen in der Vergangenheit zu beschreiben (mehr dazu im Kapitel 37). Gute Nachricht: das *imparfait* ist einfach zu bilden!

START

Generationsunterschied. Unterstreichen Sie im Dialog die Verbformen von *habiter*, *faire* und *être*.

- ○ Dis Pépé, c'était bien quand tu étais jeune?
- ◆ Oh oui, nous n'étions pas riches, mais on était heureux.
- ○ Tu habitais où?
- ◆ Nous habitions déjà à Talant.

- Vous habitiez dans une maison ?
- Oui, on habitait au centre du village, à côté de la boulangerie. Mon père et ma mère faisaient des paniers. On faisait tous des paniers !
- Vous faisiez tous des paniers ?
- Oui, le soir, je faisais des paniers avec mes frères et sœurs pour aider mes parents. Mais tu sais, nous faisions aussi la vaisselle, le linge...
- Oh, Pépé, mais tes parents, ils étaient gentils ?!

SEHEN

Vervollständigen Sie die Tabelle mit den oben markierten Verbformen.

	habiter	faire	être
je / j'	habit**ais**	______	ét**ais**
tu	______	fais**ais**	______
il / elle / on	______	______	______
nous	______	______	______
vous	______	______	ét**iez**
ils / elles	habit**aient**	______	______

VERSTEHEN

Ergänzen Sie nun die Regeln zum *imparfait*.

- Alle Verben bilden das *imparfait* mit den folgenden Endungen:

  je → ______ *tu* → ______ *il / elle* → ______

  nous → ______ *vous* → ______ *ils / elles* → ______
- Diese Endungen werden – außer beim Verb *être* – an den Verbstamm der ☐ *nous*-Form ☐ *vous*-Form in der Gegenwart (siehe Kapitel 25 bis 32) angehängt: *habiter* → ______ *faire* → ______

  aber: *être* → ______
- Die Verneinungselemente rahmen die konjugierte Verbform ein:

  Nous ______ *étions* ______ *riches.* (Wir waren **nicht** reich.)

Imparfait: Bildung und Gebrauch

ANWENDEN

1. Wir waren dicke Freunde. Verbinden Sie die richtigen Satzhälften miteinander.

1. Mon meilleur ami
2. On
3. Jean et sa famille
4. Nous
5. J'
6. Pour les professeurs, je ne

a. avais de moins bonnes notes que Jean.
b. habitaient aussi dans le village.
c. travaillais pas assez!
d. était toujours ensemble.
e. allions dans la même école.
f. s'appelait Jean.

! Bei Verben auf *-cer* (z. B. *commencer*) und *-ger* (z. B. *changer*) ändert sich auch im *imparfait* der Verbstamm, damit die Aussprache gleich bleibt (siehe Kapitel 27):

je / tu	*commen**ç**ais / chang**e**ais*
il / elle / on	*commen**ç**ait / chang**e**ait*
ils / elles	*commen**ç**aient / chang**e**aient*
aber:	
nous	*commencions / changions*
vous	*commenciez / changiez*

2. Ergänzen Sie die fehlenden Verbformen.

	Gegenwart	imparfait
a. aller	nous ______	il ______
b. ______	nous sortons	tu ______
c. pouvoir	nous ______	elles ______
d. ______	nous prenons	vous ______
e. finir	nous ______	je ______
f. ______	nous savons	nous ______
g. vendre	nous ______	on ______
h. ______	nous nous reposons	elle ______ ______
i. voyager	nous ______	nous ______
j. ______	nous jouons	vous ______

3. Auf der Suche nach Jean. Ergänzen Sie die Sätze mit den passenden Verbformen im *imparfait*.

Albert recherche Jean

École primaire de Talant (1946–1954) RÉPONDRE

Salut Jean!

Moi, c'est Albert de Talant. Tu te souviens de moi?

Nous ______________ (être) ensemble à l'école de Talant de 1946 à 1954. Mes parents ______________ (avoir) la maison à côté de la boulangerie. Ils ______________ (vendre) des paniers. À l'époque, on ______________ (passer) tout notre temps libre ensemble. Quand il ______________ (faire) beau, nous ______________ (sortir) et nous ______________ (s'amuser) dehors pendant des heures. L'hiver, je ______________ (venir) chez toi et on ______________ (jouer) dans ta cuisine: tu ______________ (adorer) le monopoly! Et je me souviens, vous ______________ (vouloir) être médecins, ton frère et toi. C'______________ (être) possible, vous ______________ (avoir) de bonnes notes!

J'espère que tu lis mon message aujourd'hui...

J'attends vite une réponse!

le pépé	*hier:* Urgroßvater	faire le linge	Wäsche waschen
le panier	Korb	rechercher	suchen
faire la vaisselle	Geschirr spülen	se souvenir de	sich erinnern an

★ 37 Imparfait oder passé composé?

Passé composé und *imparfait* werden beide bei Erzählungen in der Vergangenheit gebraucht. Aber wann wird welche Zeitform benutzt?

START

In den Calanques bei Marseille. Unterstreichen Sie die Verben im *passé composé* und im *imparfait* mit zwei verschiedenen Farben.

Il était environ 19 heures. Il faisait encore chaud. Comme tous les soirs, j'étais sur la plage. Je lisais tranquillement quand tout à coup, une équipe de tournage est arrivée. J'étais émerveillée. Après de longues discussions, deux techniciens ont installé des caméras en direction de la mer. Puis le réalisateur a demandé le silence.

SEHEN

Ordnen Sie die oben markierten Verben in die Tabelle ein.

passé composé	imparfait
1. ... quand tout à coup, une équipe de tournage _____ ___________.	a. Il ___________ environ 19 heures.
	b. Il ___________ encore chaud.
2. ... deux techniciens _____ ___________ des caméras...	c. Comme tous les soirs, j'___________ sur la plage.
3. Puis le réalisateur _____ ___________ le silence.	d. Je ___________ tranquillement...
	e. J'___________ émerveillée.

Häufig zeigen Ihnen Zeitausdrücke, ob das *passé composé* oder das *imparfait* zu verwenden ist.
Signalwörter für das *passé composé* sind z. B. *tout à coup* (plötzlich), *hier* (gestern), *puis* (dann), *quand* (wenn / als), *à ce moment-là* (in dem Moment), *un jour* (eines Tages). Signalwörter für das *imparfait* sind z. B. *d'habitude* (gewöhnlich), *souvent* (oft), *chaque jour* (jeden Tag), *toujours* (immer noch).

VERSTEHEN

Passé composé **oder** ***imparfait*****? Kreuzen Sie an, was die Zeiten ausdrücken, und tragen Sie die Nummern der entsprechenden Beispielsätze ein.**

	passé composé	imparfait
• Hintergrundinformationen und Zustände (Beispiele: _____, _____, _____)	☐	☐
• plötzlich eintretende Handlungen (Beispiel _____)	☐	☐
• einmalige sowie aufeinanderfolgende abgeschlossene Handlungen (Beispiele _____, _____)	☐	☐
• regelmäßig wiederkehrende Ereignisse (Beispiel _____)	☐	☐
• dass eine Handlung im Gange ist, als eine neue eintritt. (Beispiel _____)	☐	☐

Das ____________________ beschreibt und antwortet also auf die Frage „Was war? / Wie war es?".

Das ____________________ führt Handlungen ein und antwortet auf die Frage „Was ist (dann) passiert?"

ANWENDEN

1. Ruhe bitte, Aufnahme läuft! In jedem Satz kommt ein Verb im *passé composé* und ein Verb im *imparfait* vor. Ergänzen Sie.

a. Quand le réalisateur ____________________ (demander) le silence, sur la plage, il n'y ____________________ (avoir) plus un bruit.

b. Tout à coup, les acteurs ____________________ (arriver), ils ____________________ (porter) des costumes de pirates.

c. J'____________________ (être) euphorique, alors j'____________________ (parler) à une assistante.

d. L'assistante ____________________ (chercher) une stagiaire pour l'été, j'____________________ (accepter) le job tout de suite!

2. Barbaras Studium. Handlung (PC = *passé composé*) oder Hintergrundinformationen (I = *imparfait*)? Kreuzen Sie den richtigen Vorschlag an. Achten Sie auf die Signalwörter.

a. __I__ Comme chaque année, Barbara ☐ passait / ☐ a passé ses vacances près de Marseille.

b. _____ Depuis deux ans, elle ☐ étudiait / ☐ a étudié la littérature à Lyon.

c. _____ Pour préparer ses examens, elle ☐ aimait / ☐ a aimé lire sur la plage.

d. _____ Là, un jour, une équipe de tournage ☐ arrivait / ☐ est arrivée.

e. _____ Barbara ☐ adorait / ☐ a adoré regarder le travail de l'équipe.

f. _____ Ce soir-là, l'assistante lui ☐ proposait / ☐ a proposé un job pour
_____ l'été et Barbara ☐ disait / ☐ a dit oui.

g. _____ Elle ☐ suivait / ☐ a suivi l'équipe pendant trois semaines.

h. _____ Et finalement, elle ☐ décidait / ☐ a décidé de faire des études de cinéma.

3. Die Geschichte des Films. Ergänzen Sie die Sätze mit den passenden Verbformen im *passé composé* oder *imparfait*.

En 1895, les projections de films _______________ (ne pas exister) encore. Cette année-là, Louis et Auguste Lumière _______________ (filmer) à Lyon des personnes qui _______________ (sortir) de leur usine après leur journée de travail. C'_______________ (être) un film d'une minute. Ensuite, les Frères Lumière _______________ (organiser) la première projection de cinéma au monde. Elle _______________ (avoir) lieu à Paris, le 28 décembre 1895. Georges Méliès _______________ (se trouver) parmi les spectateurs. C'_______________ (être) un autre pionnier du cinéma : il _______________ (tourner) les premiers films de fiction et _______________ (inventer) de nouvelles techniques.

l'équipe de tournage *w*	Filmteam	le stagiaire	Praktikant
émerveillé/-e	entzückt	suivre	folgen
le réalisateur	Filmregisseur	la projection de film	Filmschau
le bruit	Lärm, Geräusche	l'usine *w*	Fabrik
l'acteur *m*	Schauspieler	avoir lieu	stattfinden

38 *Futur proche* – nahe Zukunft

Im Französischen gibt es zwei Möglichkeiten, die Zukunft auszudrücken: das *futur proche* und das *futur simple* (siehe Kapitel 39). Im Deutschen gibt es die Zeitform *futur proche* (auch *futur composé* genannt) nicht. Es wird mit der Gegenwart oder dem Futur I wiedergegeben.

Nous ***allons faire*** *du canoé.* Wir **fahren** Kanu / **werden** Kanu **fahren**.

START

Eine Kanufahrt. Entdecken Sie die markierten Formen des *futur proche*.

- ○ Allô Nathalie ? C'est Lucie. Tu vas bien ? Qu'est-ce que *tu vas faire* jeudi ?
- ◆ Salut Lucie. Avec Sam et les enfants, *nous allons faire* du canoé sur la Dordogne. Tu viens avec nous ?
- ○ *Vous allez partir* à quelle heure ?
- ◆ *On ne va pas partir* trop tôt, vers 9 heures.
- ○ Alors *je vais venir* avec vous.
- ◆ Super ! Et prends une crème solaire, sinon *tu vas avoir* des coups de soleil… Mais excuse-moi, maintenant *je vais me coucher*. Salut !
- ○ Salut, à jeudi !

SEHEN

Vervollständigen Sie die Tabelle mit den oben markierten Verbformen.

	Präsens von ______	Verb in der ______
je	______ ______	______ ______ ______
tu	______ ______	______ ______
il / elle / on	ne ______ pas	______
nous	______	______
vous	______	______
ils / elles	vont	faire

Futur proche – nahe Zukunft

VERSTEHEN

Ergänzen Sie nun die Regeln zum *futur proche*.

- Das *futur proche* wird mit dem Hilfsverb ________ in der Gegenwart und ☐ der Grundform (Infinitiv) ☐ dem Partizip Perfekt des jeweiligen Verbs gebildet.
- Die Verneinungswörter (z. B. *ne... pas*) umschließen ☐ *aller*. ☐ den Infinitiv.
- Alle Pronomen werden vor ☐ das Hilfsverb ☐ den Infinitiv gestellt.
- Das *futur proche* drückt unmittelbar bevorstehende Handlungen, spontane Vorhaben in naher Zukunft und ☐ formelle Vorhersagen ☐ Warnungen aus.

ANWENDEN

1. **Ergänzen Sie die Sätze im *futur proche* und geben Sie mithilfe des Kalenders der Familie den Tag mit an.**

lundi	mardi	mercredi	jeudi	vendredi
18h dentiste (Nils) Oscar (Aline)	billets théâtre	16h foot bibliothèque	canoé (Dordogne)	soir Nils (copain)

a. Lundi, à 18 heures, je ______ ____________ (aller) chez le dentiste avec Nils. Et toi, Sam, tu ______ ____________ (prendre) Oscar chez ma copine Aline.

b. _______, chéri, tu ______ ____________ (acheter) les billets pour le théâtre ?

c. Mercredi, Nils et moi, nous ________ ______________ (regarder) le match de foot d'Oscar et mes parents ______ ____________ (rendre) les livres des enfants à la bibliothèque.

d. ________, on ______ ____________ (faire) du canoé. Lucie ______ ____________ (venir) avec nous. Ça ______ ____________ (être) sympa, non ?

e. ___________, Nils ______ ____________ (dormir) chez un copain. Vous ________ l'____________ (amener) avec Oscar ? Moi, je ______ ____________ (travailler) tard.

2. Verbinden Sie die Sätze. Was drücken sie aus? Setzen Sie *W* für Warnung, *U* für unmittelbare Handlung oder *V* für Vorhaben ein.

___	1. Fais bien attention !	a. Oui, elle va arriver dans 5 minutes.
___	2. Aline va bientôt rentrer ?	b. Nous allons aller au sauna. Et toi ?
___	3. On mange à la cantine demain ?	c. Non, on va prendre un taxi.
___	4. Vous allez faire quoi samedi ?	d. Tu vas te faire mal…
___	5. On y va à pied ?	e. Non, on va déjeuner dans une brasserie.

3. Fügen Sie die passenden Verbformen im *futur proche* und die Pronomen, wenn nötig, in die Antworten ein.

a. ◆ Vous avez amené Nils chez son copain ?
- ○ Oui, et nous ______________________ (le – reprendre) demain matin.
- ◆ Ils ______________________ (ne… pas – se coucher) tard, j'espère !

b. ◆ On fait les courses ensemble ce soir ?
- ○ Tu es fatiguée. Tu ______________ ______________ (se reposer). Je ______________________ (les – faire) seul.

c. ◆ Pour aller au théâtre, nous ______________________ (prendre) le bus ?
- ○ Non, on ______________________ (y aller) en voiture.
- ◆ Où est-ce qu'on ______________________ (se garer) ?
- ○ Oh, on ________ bien ______________ (trouver) une place…

d. ◆ On commande des pizzas pour ce soir ?
- ○ Bonne idée… On ______________________ (ne… pas – les – commander) chez Mario mais à la Trattoria !

la crème solaire	Sonnencreme	amener	bringen
sinon	ansonsten	se faire mal	sich weh tun
le coup de soleil	Sonnenbrand	se garer	parken

★ 39 *Futur simple* – einfache Zukunft

Das *futur simple* ist die zweite Zeitform, um die Zukunft auszudrücken. Das *futur simple* und das *futur proche* (siehe Kapitel 38) sind meistens austauschbar, aber es gibt auch einige Unterschiede in der Anwendung.

*À l'avenir, nous **vivrons** différemment.* In der Zukunft **werden** wir anders **leben**.

START

Unterstreichen Sie im Dialog die Verbformen im *futur simple* von *neiger* (schneien), *continuer*, *vivre* und *ouvrir*.

- ○ Paul et Patricia, excellente cette raclette! Au fait, vous avez entendu la météo: il neigera à partir de dimanche.
- ◆ C'est vrai? Chouette... On entend souvent qu'à l'avenir, il fera plus chaud, mais j'espère qu'il continuera de neiger! Michel, toi notre ingénieur en robotique, nous vivrons comment dans les prochaines années à ton avis?
- ○ À mon avis, on vivra plus longtemps mais différemment car la robotique ouvrira de nouvelles perspectives... Mais vous continuerez à nous inviter pour la raclette?
- ◆ Nous continuerons nos soirées raclette, c'est sûr... Et comme à chaque fois, j'ouvrirai une bonne bouteille!

SEHEN

Vervollständigen Sie die Tabelle mit den oben markierten Verbformen.

	continuer	ouvrir	vivre
je / j'	continuer**ai**	________	vivr**ai**
tu	continuer**as**	ouvrir**as**	vivr**as**
il / elle / on	________	________	________
nous	________	ouvrir**ons**	________
vous	________	ouvrir**ez**	vivr**ez**
ils / elles	continuer**ont**	ouvrir**ont**	vivr**ont**

VERSTEHEN

Ergänzen Sie nun die Regeln zum *futur simple*.

- Für alle Verben gelten ☐ die gleichen ☐ unterschiedliche Endungen, die den Endungen des Verbs ☐ *être* ☐ *avoir* in der Gegenwart entsprechen (siehe Kapitel 25).
- Bei den regelmäßigen Verben auf *-er* und den Verben auf *-ir* werden diese Endungen an die ______________ angehängt.
- Bei den Verben auf *-re* entfällt der Buchstabe ________ der Grundform.
- Das *futur simple* wird bevorzugt bei formellen Vorhersagen wie z. B. Wetterprognosen: *il* ___________ (es wird schneien), langfristigen Planungen, ☐ Versprechen ☐ unmittelbaren Handlungen und nach dem Verb *espérer*.
- Bei der Verneinung gelten die üblichen Regeln.

! Bei den Verben auf *-er* mit Besonderheiten (siehe Kapitel 27) werden die Endungen an die *je*-Form Präsens + *-r* angehängt:

essayer → *j'essaie / j'essaye* → *j'essaierai / j'essayerai*
acheter → *j'achète* → *j'achèterai*
appeler → *j'appelle* → *j'appellerai*
préférer → *je préfère* → *je préférerai*

ANWENDEN

1. Wie könnte die Zukunft aussehen? Setzen Sie die Verben ins *futur simple*.

En 2050, nous n'____________ (acheter) plus de voitures, nous les ____________ (louer). Les robots ____________ (fabriquer) des objets écologiques. Tu ____________ (travailler) à la maison et tu ____________ (commander) tes courses sur Internet. On __________ (vivre) dans un monde hyper connecté.

Ou bien on ____________ (essayer) d'acheter des produits régionaux. On ____________ (aider) les voisins et on ne ____________ (manger) plus de viande. Des épiceries ____________ (ouvrir) dans les villages et vous ____________ (partager) les produits des jardins. On ____________ (réapprendre) à faire le pain et le jardinage.

Futur simple – einfache Zukunft

! Einige Verben haben einen unregelmäßigen Futur-Stamm:

aller	*avoir*	*être*	*faire*	*pouvoir*	*vouloir*	*savoir*	*devoir*	*venir*	*voir*
ir-	*aur-*	*ser-*	*fer-*	*pourr-*	*voudr-*	*saur-*	*devr-*	*viendr-*	*verr-*

2. Kreuzworträtsel. Setzen Sie die Verben im *futur simple* ins Gitter ein und finden Sie das Lösungswort.

1. elle, vouloir
2. je, aller
3. ils, prendre
4. on, avoir
5. il, devenir
6. vous, voir
7. elle, connaitre
8. tu, être
9. nous, faire

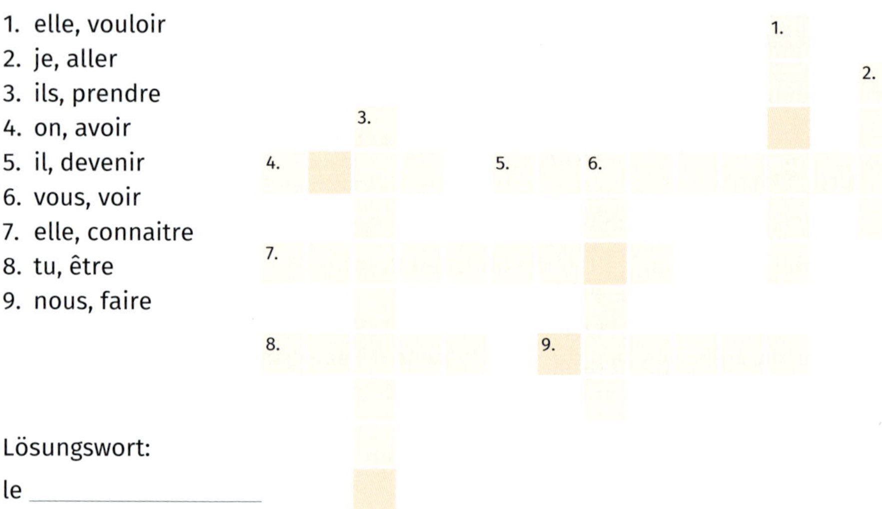

Lösungswort:

le ____________________

3. *Futur simple* oder *futur proche*? Kreuzen Sie an.

a. En 2050, ☐ je vais avoir / ☐ j'aurai 72 ans.

b. La météo annonce : « Il ☐ neigera / ☐ va neiger au-dessus de 1000 mètres. »

c. Oh, j'ai froid, je ☐ vais mettre / ☐ mettrai un pull !

d. Regarde, il ☐ va pleuvoir / ☐ pleuvra bientôt.

e. Vous ☐ allez prendre / ☐ prendrez l'avion de Francfort à 13h45 le lundi et vous ☐ allez arriver / ☐ arriverez à Osaka à 7h58 le mardi.

f. J'espère que dans les prochaines années, les nouvelles technologies ☐ vont nous rendre / ☐ nous rendront la vie plus facile...

la météo	Wetterbericht	écologique	umweltfreundlich
à ton avis	deiner Meinung nach	réapprendre	nochmals lernen
louer	mieten	rendre plus facile	leichter machen

★ 40 *Conditionnel présent*

Mit dem *conditionnel présent* werden Vorgänge und Handlungen als möglich dargestellt. Es entspricht im Deutschen oft dem Konjunktiv II.

*On **prendrait** bien un dessert.* Wir **hätten** gern einen Nachtisch.

START

Im Restaurant. Achten Sie im Dialog auf die Verbformen im *conditionnel présent* und notieren Sie rechts jeweils die Grundform (Infinitiv).

◆ Dis maman, je *prendrais* bien un dessert, et toi? prendre

○ Oui, je *pourrais* prendre un dessert, moi aussi. ____

◆ S'il vous plait, nous *pourrions* avoir la carte? Merci. ____

○ Au fait, on *aimerait* aller dans le Jura avec ton père. ____

◆ Vraiment? Vous *iriez* quand? ____

J'*aimerais* bien venir avec vous. ____

○ Nous *irions* la première semaine de mai. ____

Tu *serais* libre? ____

◆ Je ne sais pas encore, mais ce *serait* super. ____

SEHEN

Vervollständigen Sie die Tabelle mit den oben markierten Verbformen.

	aimer (-ir und -er)	prendre (-re)	pouvoir	être	aller
je / j'	____	____	____	serais	irais
tu	aimerais	prendrais	pourrais	____	irais
il / elle / on	____	prendrait	pourrait	____	irait
nous	aimerions	prendrions	____	serions	____
vous	aimeriez	prendriez	pourriez	seriez	____
ils / elles	aimeraient	prendraient	pourraient	seraient	iraient

40 Conditionnel présent

VERSTEHEN

Ergänzen Sie nun die Regeln des *conditionnel présent*.

- Für alle Verben sind die Endungen identisch mit den Endungen des ☐ *futur simple* ☐ *imparfait* (siehe Kapitel 36). Bei der Verneinung gelten die üblichen Regeln.
- Bei den Verben auf *-ir* und den regelmäßigen Verben auf *-er* werden diese Endungen an ☐ die Grundform ☐ die *je*-Form in der Gegenwart angehängt.
- Bei den Verben auf *-re* fällt der letzte Buchstabe ________ der Grundform weg. Diese Stämme sind identisch mit denen des ☐ *futur simple* ☐ *imparfait* (siehe Kapitel 39).
- Mit dem *conditionnel présent* werden wie im Deutschen Wünsche und Möglichkeiten, Ratschläge und höfliche Bitten ausgedrückt.

ANWENDEN

1. Schwierige Entscheidung. Wählen Sie die Verbform im *conditionnel présent* und markieren Sie: Wunsch / Möglichkeit (W), Rat (R) oder höfliche Bitte (B)?

a. _____ ◆ Je ☐ voudrais / ☐ voulais un café avec le dessert, s'il vous plait.

b. _____ ○ Pour moi aussi, s'il vous plait, merci. Maman, mon propriétaire vend l'appartement où je vis. À ma place, tu ☐ achèteras / ☐ achèterais ?

c _____ ◆ Il te ☐ ferais / ☐ ferait un bon prix ?

d. _____ ○ Non pas spécialement, ☐ c'était / ☐ ce serait le prix normal.

e. _____ ◆ Alors, à ta place, j' ☐ attendrai / ☐ attendrais. Tu es jeune et _____ tu ☐ peux / ☐ pourrais avoir d'autres opportunités...

f. _____ ○ Tu as raison ! Je ☐ préférerais / ☐ préfèrerais aussi attendre un peu.

! Neben *être* und *aller* sind im *conditionnel* noch weitere Verben unregelmäßig:

pouvoir	→ *pourr-*	*faire*	→ *fer-*
devoir	→ *devr-*	*venir*	→ *viendr-*
savoir	→ *saur-*	*appeler*	→ *appeller-*
vouloir	→ *voudr-*	*acheter*	→ *achèter-*
avoir	→ *aur-*	*essayer*	→ *essaier- / essayer-*

2. Träumen vom Urlaub im Jura. Ergänzen Sie die Sätze im *conditionnel présent*.

Une semaine à l'hôtel dans la région des lacs du Jura...

a. On ______________________ (dormir) dans un hôtel spa cinq étoiles.

b. On ______________________ (prendre) de longs petits déjeuners.

c. Nous ______________________ (découvrir) la région à notre rythme.

d. Nous ______________________ (choisir) chaque jour une nouvelle activité.

e. Nous ______________________ (aller) dans les restaurants typiques; ils nous ______________________ (proposer) les spécialités de la région: fromages, saucisses...

f. On ______________________ (oublier) le stress de tous les jours.

3. Übersetzen Sie mit dem *conditionnel présent*.

a. Ich sollte anrufen. ______________________

b. Könnten Sie das bitte wiederholen? ______________________

c. Was würdest du an meiner Stelle tun? ______________________

d. Er würde gern ins Kino gehen. ______________________

e. Wir hätten eine Idee ... ______________________

le propriétaire	Eigentümer	l'étoile *w*	Stern
où je vis	wo ich lebe	la saucisse	Würstchen

41 Imperativ

Der Imperativ (Befehlsform) wird für Befehle, Aufforderungen, Ratschläge oder Verbote verwendet. Er hat im Französischen drei Formen.

Écoute. Hör zu!
Écoutons. Hören wir zu!
Écoutez. Hört zu! / Hören Sie zu!

41 Imperativ

START

Im Unterricht. Verbinden Sie die Anweisungen mit der richtigen Grundform.

écouter

lire

faire

prendre

Écoutez le dialogue.

Heike, lis le texte, s'il te plait.

Prenons le livre page 28.

Faisons un jeu !

Faites l'exercice n° 6, s'il vous plait.

Écoute bien, Markus…

Ne lisez pas les solutions avant…

SEHEN

Notieren Sie die Imperativformen in der Tabelle.

	écouter	lire	faire	prendre
(tu)	______	______	fais	prends
(nous)	écoutons	lisons	______	______
(vous)	______	______	______	prenez

VERSTEHEN

Ergänzen Sie nun die Regeln zum Imperativ.

- Die Formen des Imperativs sind mit den Formen der Gegenwart identisch (siehe Kapitel 26–30). Aber bei den Verben auf ☐ *-er* ☐ *-re* fehlt in der *tu*-Form das ______ .
- Beim verneinten Imperativ stehen *ne* und *pas* vor und nach dem ______ .

! *Avoir* und *être* haben unregelmäßige Imperativformen:

aie	*sois*
ayons	*soyons*
ayez	*soyez*

ANWENDEN

1. Bilden Sie Imperativ-Sätze in der gleichen Person.

a. Tu lis le texte. Lis le texte.

b. Tu prends ton livre page 8. ____________________

c. Vous terminez l'exercice. ____________________

d. Nous ne jouons pas le dialogue. ____________________

e. Vous faites correspondre. ____________________

f. Tu répètes après moi. ____________________

g. Vous êtes attentifs ? ____________________

Der Imperativ klingt im Französischen sehr energisch und wenig höflich. Um höflich zu sein, ergänzt man *s'il te plait / s'il vous plait*, oder formuliert die Aufforderung mit *Vous pouvez* + Infinitiv (Grundform):

Faites l'exercice n° 6. → *Vous pouvez faire l'exercice n° 6.*

Am Ende des Imperativsatzes steht kein Ausrufezeichen, sondern ein Punkt.

2. Florence zeigt Séverine, wie man einen Blog startet. Setzen Sie die Verben in die *tu*-Form des Imperativs.

○ Séverine, ____________ (regarder), voici la page.

◆ Je dois mettre mon nom ?

○ Oui, ____________ (mettre) ton nom ici et ____________ (entrer) ton mot de passe... Voilà. Et ensuite, ____________ (ouvrir) cette page... Mais ____________________ (ne... pas cliquer) ici... Bon. Et puis, là, ____________ (créer) un profil ou bien ____________ (prendre) des photos dans ton fichier et tu les ajoutes comme ça.

◆ Oh c'est facile !

○ ____________ (réfléchir) à un texte ou bien ____________ (commencer) tout de suite ton blog... Tu as déjà un nom pour ton blog ?

3. **Ein paar Lerntipps. Unterstreichen Sie die Verben in der Grundform, notieren Sie sie und bilden Sie damit den Imperativ in der *vous*-Form.**

Faire un fichier pour le vocabulaire. Écrire le vocabulaire sur de petites cartes et coller les cartes dans toute la maison. Écouter les dialogues de la leçon dans la voiture. Choisir des films en version originale sous-titrées ou ne pas manquer les informations sur Arte en français.

a. faire ______ faites ______ d. ______ ______
b. ______ ______ e. ______ ______
c. ______ ______ f. ______ ______

faire correspondre	zuordnen	coller	kleben
attentif/-ive	aufmerksam	en version originale	in der Originalfassung
le mot de passe	Passwort	sous-titré/-e	mit Untertiteln
le fichier	Datei	manquer	verpassen
ajouter	hinzufügen		

★ 42 Imperativ mit Pronomen

Beim Imperativ hängt die Stellung der Pronomen davon ab, ob der Imperativ bejaht oder verneint ist. Das gilt auch für die reflexiven Verben.

Dépêchons-nous.	Beeilen wir uns!
Ne leur envoyons pas de mail.	Senden wir ihnen keine Mail!

START

Thalassotherapie in Saint-Malo. Unterstreichen Sie die Verben im Imperativ.

- ○ Je ne suis pas en forme… J'ai besoin de repos…
- ◆ Occupe-toi de ta santé ! Mais ne te repose pas à la maison. J'ai reçu ce prospectus, regarde : reposons-nous en Bretagne ! Je viens avec toi si tu veux.
- ○ Super idée ! Ne leur envoyons pas de mail, téléphonons-leur plutôt !

Occupez-vous de votre santé. Reposez-vous à Saint-Malo et découvrez la thalassothérapie. Envoyez-nous un mail pour recevoir plus d'informations ou téléphonez-nous au : 02.99.40.66.60

SEHEN

Tragen Sie die Imperativformen in die Tabelle ein.

	bejahter Imperativ	verneinter Imperativ
s'occuper	______-____ beschäftige dich ______-____ beschäftigen Sie sich	
se reposer	______-____ erholen wir uns ______-____ erholen Sie sich	ne ____ ______ pas erhol dich nicht
envoyer	envoyez-**moi** senden Sie mir ______-____ senden Sie uns	ne **m'**envoyez pas... senden Sie mir nicht ... ne ____ ______ pas de mail senden wir ihnen keine Mail
téléphoner	______-____ rufen Sie uns an ______-____ rufen wir sie an	ne **leur** téléphonons pas rufen wir sie nicht an

VERSTEHEN

Ergänzen Sie nun die Regeln mithilfe der Tabelle.

- Beim bejahten Imperativ werden Objektpronomen und Reflexivpronomen ☐ vor ☐ nach dem Verb mit einem Bindestrich angehängt.
- Die Pronomen *me* und *te* werden beim bejahten Imperativ durch die betonten Formen ______ und *toi* ersetzt.
- Beim verneinten Imperativ bleiben die Pronomen wie im Aussagesatz ☐ vor ☐ nach dem Verb stehen und die Pronomen *me* und *te* ☐ ändern sich. ☐ ändern sich nicht.

Imperativ mit Pronomen

! Sie haben gelernt, dass die Verben auf *-er* in der *tu*-Form des Imperativs das *-s* verlieren. Nur vor den Pronomen *en* und *y* bleibt es aus Aussprachegründen erhalten:

Tu en parles à Paul ? → *Parles-en à Paul.*
Tu y vas ? → *Vas-y.*

ANWENDEN

1. Bleiben Sie fit! Wandeln Sie die Sätze in den Imperativ um und behalten Sie die angegebene Person bei.

a. Tu te baignes régulièrement. Baigne-toi régulièrement.
b. Tu te reposes en Bretagne. ____
c. Tu ne te lèves pas trop tard. ____
d. Nous nous relaxons au hammam. ____
e. Nous nous reposons sur la plage. ____
f. Vous vous relaxez au bord de la mer. ____
g. Tu te promènes dans la nature. ____

2. Antworten Sie im Imperativ auf die Vorschläge und ersetzen Sie die markierten Begriffe mit den angegebenen Pronomen wie im Beispiel.

les lui le la moi y ~~la~~

a. ○ J'envoie **la réservation** ?
◆ Oui, envoie-la.

b. ○ Je réserve **la chambre** pour vendredi ?
◆ D'accord, ____.

c. ○ Nous prenons **les maillots de bain** ?
◆ Oui, ____.

d. ○ Je prends **mon peignoir** ?
◆ Non, ____, il y en a à l'hôtel.

e. ○ Nous allons **à Saint-Malo** en train ?
◆ Oui, ____ en train !

f. ○ Je **t'**appelle à mon arrivée ?
◆ Oui, ____ à ton arrivée.

g. ○ Je demande les horaires **au masseur** ?
◆ Oui, ____ les horaires.

3. Übersetzen Sie die Sätze mithilfe der angegebenen Verben.

a. Erholen Sie sich gut! ______________________ (se reposer)

b. Fahr nicht hin! ______________________ (aller)

c. Warte auf mich! ______________________ (attendre)

d. Gib mir deine Adresse. ______________________ (donner)

e. Beeilt euch! ______________________ (se dépêcher)

s'occuper de	sich beschäftigen	le bord de mer	Meeresufer
se reposer	sich erholen	le maillot de bain	Badeanzug
plutôt	eher	le peignoir	Bademantel

★ 43 *venir de* und *être en train de*

Sie kennen schon die Konstruktion *aller* + Infinitiv zur Bildung der nahen Zukunft (siehe Kapitel 38). Entdecken Sie hier zwei weitere häufige Ausdrücke, die mit der Grundform des Verbs kombiniert werden.

START

Im Garten. Unterstreichen Sie die Formen von *venir de* und *être en train de* und deren Verbergänzungen.

- ○ Je peux t'aider ?
- ◆ Oh, avec plaisir. Je suis en train de semer des carottes. Tu peux m'apporter un arrosoir plein d'eau ?
- ○ Oui, bien sûr. Et regarde, je viens de cueillir les premières fraises…
- ◆ Ah elles sont délicieuses ! Quand tu es arrivée, je venais d'arroser les tomates, là-bas. Elles poussent bien !
- ○ Oui, tu as vraiment la main verte !

43 *venir de* und *être en train de*

SEHEN

Vervollständigen Sie die Sätze mit den oben markierten Verbformen.

		+ Grundform des Verbs
être en train de	je ________ ___ ________ de ich säe gerade	__________ des carottes Karotten
venir de	je __________ de ich habe gerade je __________ d' ich hatte gerade	__________ les premières fraises die ersten Erdbeeren gepflückt __________ les tomates die Tomaten gegossen

VERSTEHEN

Ergänzen Sie nun die Regeln.

- Um zu sagen, dass man im Moment des Sprechens gerade etwas tut, verwendet man: ______________________________ + Grundform des Verbs
- Um zu sagen, dass man gerade eben etwas getan hat, verwendet man: ______________________________ + Grundform des Verbs. *Venir* kann im Präsens oder im ____________ stehen, aber nicht in einer anderen Zeit.

! Bei *être en train de* kann das Verb *être* im Präsens oder auch im *imparfait* stehen, aber nicht im *passé composé*:
Tu étais en train de lire. Du warst gerade am Lesen.

ANWENDEN

1. **Was wurde gerade im Garten gemacht? Benutzen Sie *venir de*.**
   a. Ils ont semé les carottes. *Ils viennent de semer les carottes.*
   b. Martin a arrosé les tomates. ______________________________
   c. Perrine a apporté l'arrosoir. ______________________________
   d. Vous avez cueilli les citrons. ______________________________
   e. Tu as semé la salade. ______________________________
   f. Nous avons planté un pommier. ______________________________
   g. J'ai nettoyé les fraisiers. ______________________________

! Pronomen stehen bei beiden Wendungen direkt vor der Grundform des Verbs:
*Je viens de **le** faire.* *Je suis en train de **le** faire.*

2. Anworten Sie mit *être en train de* oder *venir de* + einem angegebenen Verb.

dormir | faire | les arroser | boire | semer

a. ○ Où est Martin ?
◆ Il ______________________ des salades.

b. ○ Perrine, tu as rangé la cuisine ?
◆ Oui, je ______________________ la vaisselle. J'ai fini.

c. ○ Est-ce qu'Anaïs est là ?
◆ Oui, mais elle ______________________, elle est malade.

d. ○ On prend le café ?
◆ Non, désolés, nous ______________________ un thé.

e. ○ Arthur, il faut encore arroser les tomates…
◆ C'est déjà fait, je ______________________.

3. Kreuzen Sie die richtige Alternative an.

a. Martin ☐ est en train de / ☐ était en train de cueillir les fraises quand Perrine est arrivée.

b. Il ne faut plus semer les carottes, je ☐ suis en train de / ☐ viens de le faire.

c. Les enfants ☐ sont en train de / ☐ viennent de faire leurs devoirs, et maintenant ils ☐ sont en train de / ☐ viennent de jouer dehors.

d. On ☐ était en train de / ☐ vient de manger quand tu as appelé.

semer	säen	avoir la main verte	einen grünen Daumen haben
l'arrosoir *m*	Gießkanne	le pommier	Apfelbaum
cueillir	pflücken	nettoyer	putzen
arroser	gießen	le fraisier	Erdbeerpflanze
pousser	wachsen		

44 Die Präpositionen *à*, *de* und *en*

À, *de* und *en* gehören zu den am meisten verwendeten Präpositionen (Verhältniswörtern) im Französischen. Sie haben im Deutschen je nach Kontext unterschiedliche Entsprechungen.

Die Präpositionen *à* und *de* verschmelzen mit den bestimmten Artikeln *le* und *les* zu den Formen *au*, *aux* bzw. *du* und *des* (siehe Kapitel 5).

START

Ermitteln Sie! Markieren Sie im Text die Präpositionen *à*, *de* und *en* mit unterschiedlichen Farben und unterstreichen Sie auch das ihnen folgende Wort.

Je porte des vestes en tissu et des T-shirts à cinq euros. Je viens de la capitale, mais j'habite maintenant au pays des crêpes. J'adore manger à la brasserie « L'Amiral », à quelques mètres du port. Mon plat préféré, c'est l'entrecôte au beurre salé avec une bouteille de vin rouge. Je vais au travail en voiture. Je suis le commissaire des romans de Jörg Bong alias Jean-Luc Bannalec.

Je suis Georges ______.

SEHEN

Ordnen Sie die oben markierten Formen in die Tabelle ein.

	Verwendung bei	Beispiel	Übersetzung
à	Ortsangaben	____ pays	**im** Land
	Richtungsangaben	____ ____ brasserie	**in der** Brasserie
		____ travail	**zur** Arbeit
	Entfernungsangaben	____ quelques mètres	ein paar Meter entfernt
	Art und Weise	____ beurre salé	**mit** gesalzener Butter
	Preisangaben	____ cinq euros	**zu/für** 5 Euro
	offenen Verkehrsmitteln	à vélo	**mit dem** Fahrrad

	Verwendung bei	Beispiel	Übersetzung
de	Herkunft	_____ _____ capitale _____ port	**aus der** Hauptstadt **vom** Hafen
	Besitz/ Zugehörigkeit	le pays _____ crêpes le commissaire _____ romans _____ Jörg Bong	das Land **der** Pfannkuchen der Kommissar **der** Romane **von** Jörg Bong
	Mengenangaben	une bouteille _____ vin	eine Weinflasche
en	Materialien	_____ tissu	**aus** Stoff
	Sprachen	**en** allemand	**auf** Deutsch
	geschlossenen Verkehrsmitteln	_____ voiture	**mit dem** Auto

VERSTEHEN

Kreuzen Sie nun in den Regeln die jeweils richtigen Optionen an.

- Die Präposition ☐ *à* ☐ *de* ☐ *en* wird insbesondere bei Orts- und Richtungsangaben verwendet.
- Die Präposition *de* steht ☐ zur Angabe der Herkunft ☐ bei Verkehrsmitteln ☐ bei Mengenangaben ☐ bei Zugehörigkeit. Bei Mengenangaben entfällt der bestimmte Artikel vor dem Substantiv (siehe Kapitel 6): *une bouteille de vin*
- Merken Sie sich die Präposition ☐ *à* ☐ *de* ☐ *en* vor geschlossenen Verkehrsmitteln, zur Angabe von Materialien und Sprachen.

ANWENDEN

1. Verbinden Sie die passenden Satzteile.

1. Jörg Bong est un amoureux
2. Il écrit
3. Il habite dans une maison
4. Là, il écrit les enquêtes policières
5. Il a vendu trois millions
6. Les enquêtes sont aussi une série

a. en allemand sur la France.
b. de livres en Allemagne.
c. à la télévision allemande.
d. de la Bretagne.
e. en bois, à Nevez, en Bretagne.
f. du commissaire Dupin.

Die Präpositionen *à*, *de* und *en*

! Die Präpositionen vor Städten und Ländernamen sowie bei Zeitangaben werden Themen der Kapitel 45 und 46 sein.

2. Eine Reise in die Bretagne. Ergänzen Sie die Karte von Eve und Guy mit den angegebenen Präpositionen.

à | de la | au | à | en | du | au | de | du | à la

Bonjour Jeanne et René,

Nous sommes à Concarneau, ________ bar « L'Amiral ». Vous savez, c'est le bar ________ commissaire Dupin ! Ici, il boit des litres ________ café ; nous, nous testons les crêpes ________ blé noir et le cidre ________ région. La Bretagne ________ sud est magnifique. Nous sommes arrivés ________ train, mais nous visitons maintenant ________ vélo et ________ pied. C'est génial !

Bises et à bientôt. Nous rentrons ________ maison dans deux jours.

Eve et Guy

3. Übersetzen Sie.

a. ein Menü zu 35 Euro bestellen — commander ____________________

b. mit dem Zug reisen — voyager ____________________

c. im Stadtzentrum wohnen — habiter ____________________

d. aus dem Restaurant gehen — sortir ____________________

e. einen Tisch aus Holz kaufen — acheter ____________________

f. das Auto meines Bruders nehmen — prendre ____________________

le tissu	Stoff	le bois	Holz
la capitale	Hauptstadt	le blé noir	Buchweizen
amoureux / -euse	verliebt	le cidre	Apfelwein
l'enquête (policière) *w*	(polizeiliche) Ermittlung		

45 Präpositionen vor Ländern und Städten

Bei Ländern und Städten werden unterschiedliche Präpositionen benutzt. Und ihre Form passt sich an Geschlecht und Zahl der geografischen Angabe an.

*Je viens **de** Strasbourg, mais j'habite **à** Fribourg, **en** Allemagne.*

Ich komme **aus** Straßburg, aber ich wohne **in** Freiburg, **in** Deutschland.

Im Französischen werden Standort (wo?) und Richtung (wohin?) mit denselben Präpositionen angegeben: *à Fribourg* in / nach Freiburg

START

Urlaubsprojekte. Unterstreichen Sie im Dialog die Präpositionen, die vor Länder- und Städtenamen stehen.

- ◆ Qu'est-ce qu'on fait en septembre ? On part en Chine ? À Pékin ?
- o La Chine ? Bof... Mon rêve, c'est le Mexique. Tu sais, une partie de ma famille vient du Mexique, de Tulum.
- ◆ Un voyage au Mexique, pourquoi pas ? Mais pas en septembre, il fait trop chaud. Et les Seychelles ? Line revient des Seychelles, elle est très contente de son voyage.
- o Qu'est-ce qu'on va faire aux Seychelles ?! Plutôt l'Italie, Rome, le Colisée, non ?
- ◆ L'Italie ? Oui, c'est bien... D'accord, on va en Italie... À Rome ou à Amalfi ?

SEHEN

Vervollständigen Sie die Tabelle mit den oben markierten Formen.

	Städte	Länder		
		Einzahl		Mehrzahl
		männlich	weiblich	
Ort und Richtung	____ Pékin ____ Amalfi	____ Mexique	____ Chine ____ Italie	____ Seychelles
Herkunft	____ Tulum d'Amalfi	____ Mexique	de Chine d'Italie	____ Seychelles

Präpositionen vor Ländern und Städten

VERSTEHEN

Ergänzen Sie nun die Regeln.

- Zur Orts- und Richtungsangabe steht bei Städten die Präposition ________ .
- Da die meisten Länder im Französischen – im Gegensatz zum Deutschen – den bestimmten Artikel tragen, wird die Präposition *à* zu ________ vor männlichen Ländernamen in der Einzahl und zu ________ in der Mehrzahl. Aber Vorsicht, vor weiblichen oder mit Vokal beginnenden Ländern in der Einzahl wird die Präposition ________ benutzt.
- Um die Herkunft auszudrücken, wird bei Städten und Ländern die Präposition ________ bzw. ihre Formen *d'*, ________ , ________ verwendet.

Die meisten weiblichen Ländernamen enden auf *-e*. Ausnahmen: *le Mexique*, *le Cambodge*, *le Mozambique* (siehe Kapitel 1).

ANWENDEN

1. Ordnen Sie die Länder- bzw. Städtenamen der richtigen Wortsonne zu.

les Émirats arabes unis | Berlin | le Japon | le Brésil | l'Allemagne | Rome | la Bolivie | les États-Unis | la Tunisie | le Canada | l'Irlande | Lyon | les Pays-Bas | le Portugal | New Delhi | les Antilles

à

au

aux

en

2. Kulinarische Weltreise. Ergänzen Sie die Antworten mit den Herkunftspräpositionen und verbinden Sie sie dann mit den passenden Fragen.

D'où vient / viennent…

1. les sushis ?
2. le burger ?
3. les tapas ?
4. le célèbre jambon italien ?
5. la moussaka ?

a. ________ Espagne.
b. ________ Japon.
c. ________ Grèce.
d. ________ États-Unis.
e. ________ Parme.

3. **Anke und Hakem unterhalten sich. Ergänzen Sie ihr Gespräch.**

- ○ Tu habites ______ Paris, Hakem ?
- ◆ Oui, mais je suis originaire ______ Rabat.
- ○ Oh... Tu viens ______ Maroc ? J'étais ______ Fès l'an dernier. Chouette ville !
- ◆ Merci. Et toi, tu travailles ______ Paris ?
- ○ Non, je travaille ______ Cordoba, ______ Argentine.
- ◆ Tu es en vacances ______ France alors ?
- ○ Oui, je suis là pour voir quelques amis. Ensuite, je vais ______ Canaries.
- ◆ Super ! Une vraie globetrotteuse !

le rêve	Traum	être originaire de	stammen aus
plutôt	eher	le / la globetrotteur / -euse	Weltenbummler / -in

46 Präpositionen bei Zeitangaben

Wie im Deutschen werden die französischen Zeit- bzw. Datumsbegriffe mit unterschiedlichen Präpositionen angegeben.

START

Nordic-Walking-Treff. Unterstreichen Sie im Text die Zeit- bzw. Datumsangaben.

Club Marche et Nature
07300 Tournon-sur-Rhône
www.marchenordiquetournon.fr
Attention, nouvelle adresse depuis septembre !

Tournon-sur-Rhône,
le 5 octobre 2018

La marche nordique vous intéresse ?
Rejoignez-nous !
En automne et en hiver, nous marchons le lundi de 8h30 à 10h.
À Noël, marche spéciale détox un jour après les fêtes.
En mars : nouveau rendez-vous le soir à 20h, le mardi.
Prochaine marche : lundi. On se retrouve devant l'église.
Merci d'arriver quinze minutes avant le départ. À bientôt !

46 Präpositionen bei Zeitangaben

SEHEN

Ordnen Sie die markierten Formen in die Tabelle ein.

	Verwendung bei	Beispiel	Übersetzung
à	Uhrzeiten	____ 20 heures	**um** 20 Uhr
	Feiertagen	____ Noël	**an/zu** Weihnachten
	besonderen Ausdrücken	____ bientôt	**bis** bald
après	nach einem Zeitpunkt	________ les fêtes	**nach** den Feiertagen
avant	vor einem Zeitpunkt	________ le départ	**vor** dem Start
de/d' ... à	Zeiträumen	____ 8h30 ____ 10h	**von** 8:30 **bis** 10 Uhr
depuis	seit einem Zeitpunkt	________ septembre	**seit** September
en	Monatsangaben	____ mars	**im** März
	Jahreszeiten (außer Frühling)	____ automne ____ hiver	**im** Herbst **im** Winter
	Jahreszahlen	**en** 2018	(**im** Jahre) 2018
le/l'	Datumsangaben	____ 5 octobre	**der/am** 5. Oktober
	Häufigkeit	____ soir ____ lundi	abends montags

VERSTEHEN

Wählen Sie nun die richtige Option in den Regeln.

- Die Präposition ☐ *à* ☐ *de* ☐ *en* wird insbesondere bei Monatsangaben und Jahreszeiten verwendet. Ausnahme: *au printemps* (im Frühling)
- ☐ Anders als ☐ Wie im Deutschen wird das Datum im Französischen mit den Grundzahlen angegeben: *le 5 (cinq) mai* (der 5. (fünfte) Mai) Ausnahme ist der Monatserste: *le 1er (premier) juin* (der 1. (erste) Juni)
- Ein Zeitraum wird mit ☐ *à ... de* ☐ *de ... à* angegeben. Achten Sie auf die Verschmelzung mit dem Begleiter: ***du*** *3* ***au*** *15 juin* (vom 3. bis zum 15. Juni)
- Zur Angabe einer Häufigkeit werden Tageszeiten und Wochentage ☐ mit den bestimmten Artikeln ☐ ohne Artikel verwendet.

Stehen Wochentage ohne Artikel, ist der vorherige bzw. kommende solche Wochentag gemeint:

Lundi, j'ai fait du sport.	Am Montag habe ich Sport gemacht.
Lundi, je vais faire de la marche nordique.	Am Montag werde ich Walken gehen.

ANWENDEN

1. Le club Marche et Nature. Kreuzen Sie die richtige Alternative an.

a. Le club Marche et Nature est né ☐ 2009. / ☐ en 2009.

b. Les marcheurs se rencontrent ☐ après huit ans. / ☐ depuis huit ans.

c. En hiver, le rendez-vous est ☐ à 8h15. / ☐ de 8h15.

d. Il y a une réunion d'informations ☐ à 15 octobre 2018. / ☐ le 15 octobre 2018.

2. Ergänzen Sie Nathalies Brief mit den passenden Präpositionen.

Tournon-sur-Rhône, ________ 12 octobre

Madame, Monsieur,

Je ne peux pas venir à la réunion d'informations samedi, ________ 17 heures. J'habite à Tournon-sur-Rhône ________ un an et la marche nordique m'intéresse. Mais je travaille ________ lundi matin. Est-ce qu'il y a dans votre groupe des personnes intéressées pour marcher ________ après-midi, ________ octobre ________ février ? Si non, est-ce qu'il est possible de venir seulement ________ printemps et ________ été ?

Merci pour vos réponses. Cordialement, Nathalie.

3. Übersetzen Sie die Zeitangaben.

a. von morgens bis abends arbeiten travailler ________________

b. sich nach der Arbeit entspannen se détendre ________________

c. den ersten Mai feiern fêter ________________

d. donnerstags Sport treiben faire du sport ________________

e. Bis morgen! ________________

la marche nordique	Nordic Walking	les fêtes *pl*	*hier:* Feiertage
Rejoignez-nous!	Schließt euch uns an!	seulement	nur

Satzbau

47 Aussagesatz

Im französischen Satz folgt der Satzbau etwas strengeren Regeln zur Wortstellung als im Deutschen.

Nous buvons un thé.	Wir trinken Tee.
Nous avons bu un thé.	Wir haben Tee getrunken.

START

Unterstreichen Sie in den Sätzen in Rot die festen Teile des Satzes und in Blau die Ergänzungen, die im Satz mobil sind.

Nous achetons des gâteaux.
En général, nous achetons des gâteaux à la pâtisserie.
Nous achetons en général des gâteaux à la pâtisserie, le dimanche.
Le dimanche, en général, nous achetons des gâteaux aux enfants à la pâtisserie.
En général, le dimanche, à la pâtisserie, nous achetons des gâteaux aux enfants.

SEHEN

Ergänzen Sie die Tabelle mit den Elementen des Satzes.

Subjekt	Verb	feste Verbergänzung		mobile Ergänzung Ort, Zeit, Art und Weise
		direktes Objekt	indirektes Objekt	
Nous	achetons	des ______	aux ______	______ ______ ______

VERSTEHEN

Ergänzen Sie nun die Regeln oder kreuzen Sie an.

- Der französische Satz folgt in der Regel dem Muster:
  Subjekt + ______ + ______ Objekt + ______ Objekt.
  Werden die direkten und indirekten Objekte durch Pronomen ausgedrückt, so stehen diese Objektpronomen vor dem Verb (siehe Kapitel 20, 21 und 23).

- Auch das Muster Subjekt + ____________ + Adjektiv ist möglich:
  Je suis fatiguée.
- Die mobilen Ergänzungen können ☐ nur am Satzende ☐ nur am Satzanfang ☐ sowohl am Satzanfang als auch am Satzende stehen. Wenn die Ergänzung am Satzanfang steht, wird sie durch ein ____________ vom Rest des Satzes getrennt.
- Diese Ergänzungen können Bestimmungen zum Ort: *à la* ______________ , zur Zeit: *le* ______________ , oder zur Art und Weise: *en* ______________ sein.

Da die französische Sprache keine Fälle kennt, ist die Wortstellung im Satz sehr wichtig. Nur dadurch und durch Präpositionen erkennt man, wer was macht.
Il a écrit une lettre à un ami. Er hat einem Freund einen Brief geschrieben.
Es ist nicht möglich, wie auf Deutsch *à un ami* (einem Freund) vor dem Objekt *une lettre* (einen Brief) zu platzieren oder das Partizip *écrit* ans Ende des Satzes zu stellen.

ANWENDEN

1. Bringen Sie die Sätze in die richtige Reihenfolge. Schreiben Sie zwei Sätze, wenn es möglich ist.

a. les / ouvrent / boulangeries / dimanche / le

____

____

b. des / offre / gâteaux / on / invités / aux

____

____

c. musées / les / Paris / passionnants / sont / à

____

____

d. tu / des / parfois / tartelettes / achètes

____

____

Wie im Deutschen kann man zwei Hauptsätze durch *ou* (oder), *mais* (aber), *et* (und) miteinander verbinden: *Je fais les courses* ***et*** *je rentre.*

2. **Unterstreichen Sie die mobilen Ergänzungen und übersetzen Sie dann den Text.**

Dans cette pâtisserie, les croissants sont très bons. Mon amie Tatiana les adore. Parfois, le matin, nous prenons un café ensemble et j'achète souvent des croissants pour Tatiana. Mais, depuis une semaine, la pâtisserie est fermée pour un mois. C'est vraiment embêtant!

3. **Satz-Domino. Wie geht der Text weiter? Verbinden Sie die Dominosteine in der richtigen Reihenfolge miteinander.**

À la maison…

de la presse, / on peut

acheter des journaux / et des

je préfère, / en

chocolat.

magazines, / et parfois

général, acheter / du

des stylos. / Mais moi,

en général	meistens	la tartelette	Törtchen
parfois	manchmal	embêtant/-e	ärgerlich
passionnant/-e	faszinierend		

48 Verneinung

Die Verneinung besteht im Französischen in der Regel aus zwei Wörtern: *ne* bzw. *n'* und *pas*.

*Je **ne** mange **pas** végétarien.* Ich esse **nicht** vegetarisch.

Das erste Element *ne* fällt im gesprochenen Französisch oft weg.

START

Unterstreichen Sie im Dialog die Verneinungen.

◆ Vous venez manger la fondue, dimanche, à la maison?
○ Avec plaisir, mais on ne te dérange pas?
◆ Pas de problème! Vous êtes végétariens?
○ Non, nous ne sommes pas végétariens, mais... nous avons une allergie au lactose: nous ne supportons pas les produits laitiers... Mais, on ne veut pas te déranger...
◆ Non, non, alors je ne fais pas de fondue au fromage, je fais une ratatouille. Ça vous va?
○ Parfait. Nous apportons le dessert!

SEHEN

Ergänzen Sie die Tabelle mit den Verneinungen, die Sie unterstrichen haben.

	Verneinung von		
1	konjugierten Verbformen	nous _____ sommes _____ végétariens	wir sind keine Vegetarier
		nous _____ supportons _____ les produits laitiers	wir vertragen Milchprodukte nicht
2	Objektpronomen und Verb	... on _____ te dérange _____?	... stören wir dich nicht?
3	Modalverben	on _____ veut _____ te déranger...	wir möchten dich nicht stören ...
4	Objekten mit unbestimmtem Artikel	_____ _____ problème!	Kein Problem!
		je _____ fais _____ _____ fondue	ich mache kein Fondue

VERSTEHEN

Ergänzen Sie nun die Regeln anhand der Tabelle.

1. Die Verneinung rahmt die konjugierte Verbform ein: _____ + Verb + _____.
   Vor Vokal oder stummem h wird *ne* zu *n'*: *Nous n'aimons pas la fondue.*

2. Auch die Gruppe Objektpronomen + Verb wird im Satz eingerahmt:
   Subjekt + ______ + Pronomen + Verb + ______ .
3. Bringen Sie die Elemente in die richtige Reihenfolge:
   Modalverb *ne* *pas* Infinitiv Subjekt Pronomen
   Subjekt + ________ + ______________ + ________ + ________________ +
   ____
4. Die Verneinung von *un*, *une*, *des* (siehe Kapitel 6) wird durch *ne ... pas de* wiedergegeben. Es folgt kein Artikel:
   Je fais une ratatouille. → Je ne fais pas de ratatouille.
   Ohne Verb entfällt das *ne*: *Pas de problème.*

Im Französischen ist es nicht so höflich, zu direkt zu sprechen. Um höflich zu sein, wird die Verneinung mit einem positiven Adjektiv bzw. Adverb oder einem anderen Verb verwendet.
C'est mal. → Ce n'est pas bien.

ANWENDEN

1. Es wird nicht immer direkt gesagt... Verneinen Sie die Sätze mit den angegebenen Wörtern.

~~bien~~ très joyeuse aimer bonne très bien faire attention intéressant

a. C'est mal. Ce n'est pas bien.
b. C'est ennuyeux. ________________
c. La cuisine est mauvaise ici. ________________
d. Tu oublies... ________________
e. Il se comporte mal. ________________
f. Je déteste. ________________ vraiment.
g. Sabine est triste. ________________

2. Ergänzen Sie die Antworten mit der Verneinung.

- ◆ Tu viens déjeuner avec nous ?
- ○ Non, je ne viens pas déjeuner avec vous, j'ai un rendez-vous à 13h.
- ◆ Ah ? Tu vas chez le médecin ?

- Non, je ______________ chez le médecin.
- Oh, allez, tu peux me dire…
- Non, je ______________ te ______________… Vous voulez déjeuner à la cantine ?
- Non, nous ______________ ______________ à la cantine. Nous préférons aller dans un bistrot. Chez Marcel, tu le connais ?
- Non, je ______________… C'est bien ?
- On va voir… Allez, tu viens ! On veut manger une choucroute !
- Non, désolé, et en plus je ______________ choucroute !
- Bon, bon, comme tu veux !

3. Kreuzen Sie die richtige Verneinung an.

a. ◆ Tu apportes le dessert ?
   ○ Non, ☐ je ne l'apporte pas. / ☐ je le n'apporte pas.

b. ◆ Vous préparez une entrée ?
   ○ Non, ☐ nous ne préparons pas d'entrée. / ☐ nous ne préparons pas de entrée.

c. ◆ Ça te plait ?
   ○ Non, ☐ ça me ne plait pas du tout. / ☐ ça ne me plait pas du tout.

d. ◆ Tu restes dormir ?
   ○ Non, ☐ je ne reste pas dormir. / ☐ je ne reste dormir pas.

e. ◆ Vous aimez les macarons ?
   ○ Non, désolés, ☐ nous n'aimons les pas. / ☐ nous ne les aimons pas.

ennuyeux/-euse	langweilig	la choucroute	elsässische Spezialität mit Sauerkraut
faire attention	aufpassen		
se comporter	sich benehmen		

49 Fragesätze

Fragen kann man im Französischen auf drei Arten formulieren.
Zum Beispiel kann die Frage „Haben Sie eine Garage?" so lauten:
Vous avez un garage ?
Est-ce que vous avez un garage ?
Avez-vous un garage ?

START

Am Hotelempfang mit den Schneiders. Unterstreichen Sie im Dialog das Subjekt jeder Frage. Als Hilfe sind die Verbformen hervorgehoben.

- ◆ Bonjour Madame. Bienvenue à Strasbourg. Avez-vous fait un bon voyage ?
- ○ Oui, très bien, merci. Juste une question : est-ce que vous avez un garage ?
- ◆ Oui. Vous n'avez pas trouvé de place de parking ?
- ○ Non, mon mari attend devant l'hôtel, pouvons-nous garer la voiture dans le garage de l'hôtel ?
- ◆ Pas de souci, voici le code d'entrée.

SEHEN

Ordnen Sie die obigen Fragen in die Tabelle ein.

		Subjekt	
Intonationsfrage		Vous	avez un garage ?
		________	n'______ pas ______ de place… ?
Frage mit est-ce que	Est-ce que	________	______ un garage ?
Inversionsfrage	Avez-	vous	un garage ?
	________-	________	______ un bon voyage ?
	________-	________	garer la voiture… ?

VERSTEHEN

Sind die folgenden Aussagen richtig? Kreuzen Sie *ja* oder *nein* an.

	ja	nein
• Bei der Intonationsfrage wird die Wortstellung des Aussagesatzes (Subjekt → Verb) beibehalten.	☐	☐
• Bei der Inversionsfrage wird das Subjektpronomen hinter das Verb gestellt und mit einem Bindestrich angehängt.	☐	☐
• Die *est-ce que*-Frage unterscheidet sich von der Inversionsfrage durch das Voranstellen des Fragesignals *est-ce que* (*est-ce qu'* vor Vokal oder stummem h).	☐	☐

! Die Intonationsfrage ist im gesprochenen Französisch die häufigste Frageform, die steigende Intonation (Satzmelodie) macht den Satz als Frage erkennbar. Die Inversionsfrage wird vor allem in der gepflegten Sprache gebraucht. Und die Frage mit *est-ce que* kann sowohl im gesprochenen wie im geschriebenen Französisch verwendet werden.

ANWENDEN

1. Die Rezeptionistin im Hotel hat viele Fragen. Geben Sie die jeweils fehlende Variante der Frage an.

Intonationsfrage	**Frage mit est-ce que**
a. Vous payez par carte, Mme Schneider?	____________________ ?
b. ____________________ ?	Est-ce que c'est une carte de paiement?
c. Vous avez une pièce d'identité?	____________________ ?
d. ____________________ ?	Est-ce que je peux vous aider?
e. Il y a un problème avec le code d'entrée du garage?	____________________ ?
f. ____________________ ?	Est-ce que vous êtes déjà venus à Strasbourg?

Vorsicht bei der Inversionsfrage: Ist das Subjekt ein Substantiv, so steht es vor dem Verb. Und hinter dem Verb wird zusätzlich das zugehörige Subjektpronomen eingefügt:
Les Schneider sont en vacances en France ?
→ ***Les Schneider**, sont-**ils** en vacances en France ?*
Sind die Schneiders in Frankreich im Urlaub?
Bei Verben mit Vokalendung wird vor den Subjektpronomen *il/elle/on* ein *-t-* zwischen Verb und Pronomen eingefügt:
*Mme Schneider, **paie-t-elle** par carte ?* Bezahlt Frau Schneider mit Karte?

2. Die Schneiders haben auch viele Fragen. Leiten Sie die Inversionsfrage ab und ordnen Sie die passende Antwort zu.

1. On peut avoir deux clés ? ____________________ ? ☐
2. Les petits déjeuners sont compris ? ____________________ ? ☐
3. Vous offrez un service de chambre ? ____________________ ? ☐
4. C'est une chambre à deux lits ? ____________________ ? ☐
5. Le bar est encore ouvert à 23h ? ____________________ ? ☐

a. Non, dans la chambre, il y a un lit français, 140 x 200 cm.
b. Oui, pas de souci, nous avons un système de cartes magnétiques.
c. Oui, il reste ouvert jusqu'à 2h du matin.
d. Non, ils sont en plus, au prix de 18 euros par personne.
e. Oui, nous avons un service jour et nuit.

3. Beim Frühstücken. Bilden Sie Fragesätze in der vorgegebenen Frageart mithilfe der angegebenen Wörter.

◆ Chéri, ____________________ ?
(Intonationsfrage: une visite / commençons / par / nous / de la cathédrale)

○ D'accord. ____________________ ?
(Est-ce que-Frage: la visite / gratuite / est)

◆ Je ne sais pas. On va bien voir ! Après, ____________________
____________________ ?
(Intonationsfrage: on / de la Petite France / dans le quartier / va)

- Bonne idée. ______________________________?
  (Est-ce que-Frage: l'heure / as / tu)
- Oui, il est 9 heures. ______________________________?
  (Inversionsfrage: un café / tu / prends / encore)
- Non, merci.
- ______________________________ alors?
  (Intonationsfrage: en ville / peut / partir / osn)
  ______________________________ à ton avis?
  (Inversionsfrage: de bus / vendent / à la réception / des tickets / ils)
- Certainement.
- ______________________________?
  (Est-ce que-Frage: aussi / demande / je / un plan)

garer	parken	la pièce d'identité	Ausweis
Pas de souci!	Kein Problem!	certainement	sicher
la carte de paiement	EC-Karte		

50 Fragewörter

Auch mit Fragewörtern wie *qui, où, comment* und dem Begleiter *quel* kann man Fragen bilden. Sie können mit allen drei Arten von Fragesätzen stehen, ihre Stellung im Satz unterscheidet sich aber je nach Fragetyp.

__Qui__ va à Paris? — **Wer** fährt nach Paris?
Tu viens __quand__? — **Wann** kommst du?

START

Mitfahrer gesucht. Unterstreichen Sie die Fragewörter.

Bonjour à tous! Je suis à Paris. Qui va à Nantes vendredi? Max

- Allô Max, c'est Fabien, j'ai une place pour Nantes. Tu es d'où, aussi de Nantes?
- Salut Fabien. Oui, je suis Nantais. Quand pars-tu?
- Vers 18h. Où est-ce que je te prends? À la gare?

- ◆ Oui, mais quelle gare ? Et tu as quoi comme voiture ?
- ○ Oh pardon, Gare Saint-Lazare, j'ai une voiture blanche. Je te reconnais comment ?
- ◆ J'ai un sac à dos rouge. Tu rentres quel jour ?
- ○ Je ne sais pas encore. Pourquoi ?
- ◆ On peut rentrer ensemble ? Mardi ? Et combien est-ce que ça coute ?
- ○ D'accord pour mardi ! L'aller-retour coute 15 euros.
- ◆ Ça marche ! À vendredi !

SEHEN

Ergänzen Sie nun die Tabellen mit den unterstrichenen Fragewörtern.

Intonationsfrage	Tu es ___________ ?	**Woher** kommst du?
	Tu as ___________ comme voiture ?	**Was** für ein Auto hast du?
	Je te reconnais ___________ ?	**Wie** erkenne ich dich?
Frage mit est-ce que	___________ est-ce que je te prends ?	**Wo** nehme ich dich mit?
	___________ est-ce que ça coute ?	**Wie viel** kostet es?
Inversionsfrage	___________ va à Nantes… ?	**Wer** fährt nach Nantes?
	___________ pars-tu ?	**Wann** fährst du weg?
Einzelfrage	___________ ?	**Warum**?

	männlich			**weiblich**		
Einzahl	_________	jour ?	welcher	_________	gare ?	welche
Mehrzahl	**quels**	jours ?	welche	**quelles**	gares ?	welche

VERSTEHEN

Sind die folgenden Aussagen richtig? Kreuzen Sie *ja* oder *nein* an.

	ja	nein
• Bei der Intonationsfrage steht das Fragewort am Satzanfang.	☐	☐
• Bei der Frage mit *est-ce que* steht das Fragewort vor *est-ce que*.	☐	☐
• Bei der Inversionsfrage steht das Fragewort am Satzende.	☐	☐
• Die Form von *quel* richtet sich nach dem folgenden Substantiv.	☐	☐

! „Was“ wird als *quoi, que* oder *qu'est-ce que* übersetzt. *Quoi* kann allein stehen und wird in der Intonationsfrage benutzt: *(Tu fais) quoi ?*
Im gesprochenen Französisch hört man oft: *Qu'est-ce que tu fais ?* Die Inversionsfrage *Que fais-tu ?* gehört dagegen eher zur geschriebenen Sprache.
Que kann nicht allein stehen.

ANWENDEN

1. Max und Fabien im Auto. Bilden Sie Fragesätze mit den angegebenen Wörtern (*est-ce que*-Frage oder Intonationsfrage).

a. est-ce / pourquoi / habites / que / Paris / à / tu

______________________________ ?

b. Nantes / habites / rue / quelle / tu / à / est-ce / dans / que

______________________________ ?

c. à / tu / partir / mardi / heure / veux / quelle

______________________________ ?

d. où / faisons / une / nous / est-ce / pause-café / que

______________________________ ?

2. Ist das unser Zug? Ergänzen Sie die Fragen mit der passenden Form von *quel*.

◆ __________ train prenons-nous ?
○ Le TGV de 11h05.
◆ Il part de __________ quai ?
○ Quai numéro 5.
◆ Et nous sommes dans __________ voiture ?
○ Voiture 22.
◆ Nous avons __________ places ? __________ numéros ?
○ 47, 48 et 49. Bon, il est __________ heure maintenant ? On a le temps pour un café ?
◆ Il est 10h. Pas de stress, on va dans __________ bar ?

3. Im Zug. Ergänzen Sie das Fragewort und verbinden Sie die Fragen dann mit den passenden Antworten.

pourquoi quoi d'où combien où comment

1. ______________ sont nos places?
2. Le train vient ______________?
3. Tu prends ______________? Un thé?
4. Vous prenez ______________ de thés?
5. ______________ est-ce qu'on a pris ce train?
6. ______________ est le nouveau TGV?

a. Oui, un thé, merci.
b. Parce qu'il est très rapide.
c. Il est très confortable!
d. Plus loin, n° 48 et 49.
e. Deux thés, s'il vous plait.
f. Il vient de Marseille.

le sac à dos	Rucksack	le quai	Gleis
ça marche	in Ordnung	la voiture	*hier:* Wagen eines Zuges
le TGV	franz. ICE	plus loin	weiter

★ 51 Relativsatz

Relativsätze werden von einem Relativpronomen eingeleitet. Die Relativpronomen *qui*, *que* und *où* vertreten Personen, Sachen oder Orts- und Zeitangaben, die im Hauptsatz genannt werden.
*Le bateau **que** nous avons pris s'appelle Le Normandie.*
Das Boot, **das** wir genommen haben, heißt Le Normandie.
*Je regarde les bateaux **qui** partent pour New York.*
Ich schaue die Schiffe an, **die** nach New York fahren.

START

Für welche Substantive stehen die markierten Relativpronomen *qui*, *que* und *où*? Unterstreichen Sie sie.

Vous connaissez Le Havre? C'est la ville *où* je suis né. Quand j'étais petit, sur la plage du Havre, j'adorais regarder les paquebots *qui* partaient pour l'Angleterre et New York. Le jour *où* j'ai pris un ferry du Havre pour aller en Irlande, c'était magique.

Chaque année, en juin, il faut venir voir l'Armada: des bateaux *qui* viennent du monde entier remontent la Seine, du Havre jusqu'à Paris. C'est un spectacle *que* je vous recommande!

SEHEN

Ergänzen Sie die Tabelle.

(vertretenes) Substantiv	Relativpronomen	Nebensatz
les paquebots	__________	________ pour l'Angleterre...
des bateaux	der, die, das	________ du monde entier...
la ville	__________	je suis né.
Le jour	wo, an ... / in ...	j'ai pris un ferry...
un spectacle	__________	____ vous __________!
	den, die, das	

VERSTEHEN

Ergänzen Sie nun die Regeln zu Relativpronomen und -sätzen.

- Anders als im Deutschen sind die Relativpronomen ________ und ________ unveränderlich.
- ________ ist Subjekt des Relativsatzes, ihm folgt das Verb: *des bateaux* ***qui*** *viennent...* Es steht für Personen oder Sachen.
- ________ vertritt eine Orts- oder Zeitangabe.
- ________ ist direktes Objekt des Relativsatzes, es steht immer vor dessen Subjekt: *un spectacle* ***que je*** *vous recommande* (*je* ist Subjekt des Relativsatzes). Vor Vokal oder stummem h wird *que* zu ________ .

Anders als im Deutschen steht kein Komma vor dem Relativpronomen. Die übliche Wortstellung (Subjekt + Verb + Objekt) bleibt auch im Relativsatz unverändert.
Tu connais la ville ***où je suis né****?*
Kennst du die Stadt, **in der ich geboren bin**?

ANWENDEN

1. **Verbinden Sie beide Sätze mit den Relativpronomen *qui* oder *que*.**

a. C'est un port. Il est au bord de la Seine.

C'est un port qui est au bord de la Seine.

b. J'ai pris un bateau. Ce bateau va à Southampton.

____

c. Elle regarde le ferry. Je prends ce ferry pour aller en Irlande.

____

d. Le poulet au cidre est une spécialité normande. Ce restaurant propose du poulet au cidre.

____

e. J'ai beaucoup d'amis. Ils travaillent au port.

____

! *Qui* ist Subjekt des Relativsatzes. Das folgende Verb wird deshalb immer angeglichen an das Subjekt, auf das *qui* sich bezieht:
*Les paquebots qui part**ent** demain pour l'Angleterre sont à quai.*
Die Schiffe, die morgen nach England **fahren**, sind angedockt.

2. **Ein paar Infos über Le Havre. *Qui, que* oder *où*? Kreuzen Sie an.**

a. L'Armada, c'est l'évènement ☐ que / ☐ qui les touristes aiment regarder au Havre.

b. Auguste Perret, c'est le nom de l'architecte ☐ qui / ☐ qu' a construit Le Havre moderne.

c. Le Havre – New York, c'est un voyage ☐ où / ☐ qu' il faut faire absolument en bateau!

d. Claude Monet, c'est le nom du célèbre peintre ☐ que / ☐ qui est né au Havre.

e. Le cidre, c'est la boisson ☐ que / ☐ qui les Havrais boivent avec le poisson.

f. La Normandie, c'est la région ☐ qui / ☐ où se trouve le Havre.

g. La Manche, c'est le nom de la mer ☐ qui / ☐ où est entre Le Havre et l'Angleterre.

3. Kreuzworträtsel. Ergänzen Sie die Definitionen mit den Relativpronomen, fügen Sie den gesuchten Begriff ins Gitter ein und finden Sie das Lösungswort! Alle gesuchten Wörter kennen Sie aus den Wortschatzboxen im Buch.

1. une princesse ________ a des problèmes de chaussures
2. un objet ________ est utile en voyage pour les vêtements
3. un gâteau ________ les Français mangent à Noël
4. quelque chose ________ on offre à un anniversaire
5. un objet ________ vous utilisez pour les œufs au petit déjeuner
6. un objet ________ est sur la terrasse quand il y a du soleil
7. un objet ________ nous utilisons pour manger un yaourt
8. un objet ________ sert à servir le thé

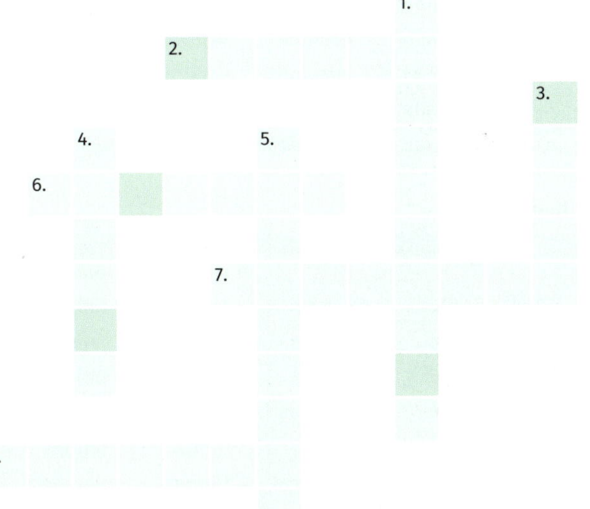

Lösungswort: ______________________!

le paquebot	Passagierschiff	le port	Hafen
le ferry	Fähre	l'évènement *m*	Ereignis
du monde entier	aus der ganzen Welt	le peintre	Maler
remonter la Seine	die Seine hochfahren	la Manche	Ärmelkanal
le cidre	Apfelwein	le yaourt	Joghurt

Verbtabellen

Verben auf -er: parler (sprechen)

	Présent	Passé composé		Imparfait	Futur simple	Conditionnel présent	Impératif
je/j'	parle	ai	parlé	parlais	parlerai	parlerais	
tu	parles	as	parlé	parlais	parleras	parlerais	parle
il/elle/on	parle	a	parlé	parlait	parlera	parlerait	
nous	parlons	avons	parlé	parlions	parlerons	parlerions	parlons
vous	parlez	avez	parlé	parliez	parlerez	parleriez	parlez
ils/elles	parlent	ont	parlé	parlaient	parleront	parleraient	

Verben auf -dre: vendre (verkaufen)

	Présent	Passé composé		Imparfait	Futur simple	Conditionnel présent	Impératif
je/j'	vends	ai	vendu	vendais	vendrai	vendrais	
tu	vends	as	vendu	vendais	vendras	vendrais	vends
il/elle/on	vend	a	vendu	vendait	vendra	vendrait	
nous	vendons	avons	vendu	vendions	vendrons	vendrions	vendons
vous	vendez	avez	vendu	vendiez	vendrez	vendriez	vendez
ils/elles	vendent	ont	vendu	vendaient	vendront	vendraient	

Verben auf -ir: finir (beenden)

	Présent	Passé composé		Imparfait	Futur simple	Conditionnel présent	Impératif
je/j'	finis	ai	fini	finissais	finirai	finirais	
tu	finis	as	fini	finissais	finiras	finirais	finis
il/elle/on	finit	a	fini	finissait	finira	finirait	
nous	finissons	avons	fini	finissions	finirons	finirions	finissons
vous	finissez	avez	fini	finissiez	finirez	finiriez	finissez
ils/elles	finissent	ont	fini	finissaient	finiront	finiraient	

Verben auf -ir: sortir (hinausgehen, weggehen)

	Présent	Passé composé		Imparfait	Futur simple	Conditionnel présent	Impératif
je	sors	suis	sorti(e)	sortais	sortirai	sortirais	
tu	sors	es	sorti(e)	sortais	sortiras	sortirais	sors
il/elle/on	sort	est	sorti(e)(s)	sortait	sortira	sortirait	
nous	sortons	sommes	sorti(e)s	sortions	sortirons	sortirions	sortons
vous	sortez	êtes	sorti(e)(s)	sortiez	sortirez	sortiriez	sortez
ils/elles	sortent	sont	sorti(e)s	sortaient	sortiront	sortiraient	

Reflexive Verben: se reposer (sich erholen)

	Présent		Passé composé			Imparfait	
je	me	repose	me	suis	reposé(e)	me	reposais
tu	te	reposes	t'	es	reposé(e)	te	reposais
il/elle/on	se	repose	s'	est	reposé(e)(s)	se	reposait
nous	nous	reposons	nous	sommes	reposé(e)s	nous	reposions
vous	vous	reposez	vous	êtes	reposé(e)(s)	vous	reposiez
ils/elles	se	reposent	se	sont	reposé(e)s	se	reposaient

	Futur simple		Conditionnel présent		Impératif
je	me	reposerai	me	reposerais	
tu	te	reposeras	te	reposerais	repose-toi
il/elle/on	se	reposera	se	reposerait	
nous	nous	reposerons	nous	reposerions	reposons-nous
vous	vous	reposerez	vous	reposeriez	reposez-vous
ils/elles	se	reposeront	se	reposeraient	

Die wichtigsten unregelmäßigen Verben

être (sein)

	Présent	Passé composé		Imparfait	Futur simple	Conditionnel présent	Impératif
je/j'	suis	ai	été	étais	serai	serais	
tu	es	as	été	étais	seras	serais	sois
il/elle/on	est	a	été	était	sera	serait	
nous	sommes	avons	été	étions	serons	serions	soyons
vous	êtes	avez	été	étiez	serez	seriez	soyez
ils/elles	sont	ont	été	étaient	seront	seraient	

avoir (haben)

	Présent	Passé composé		Imparfait	Futur simple	Conditionnel présent	Impératif
j'	ai	ai	eu	avais	aurai	aurais	
tu	as	as	eu	avais	auras	aurais	aie
il/elle/on	a	a	eu	avait	aura	aurait	
nous	avons	avons	eu	avions	aurons	aurions	ayons
vous	avez	avez	eu	aviez	aurez	auriez	ayez
ils/elles	ont	ont	eu	avaient	auront	auraient	

aller (gehen)

	Présent	Passé composé		Imparfait	Futur simple
je/j'	vais	suis	allé(e)	allais	irai
tu	vas	es	allé(e)	allais	iras
il/elle/on	va	est	allé(e)(s)	allait	ira
nous	allons	sommes	allé(e)s	allions	irons
vous	allez	êtes	allé(e)(s)	alliez	irez
ils/elles	vont	sont	allé(e)s	allaient	iront

changer (ändern)

	Présent	Passé composé		Imparfait	Futur simple
je/j'	change	ai	changé	changeais	changerai
tu	changes	as	changé	changeais	changeras
il/elle/on	change	a	changé	changeait	changera
nous	changeons	avons	changé	changions	changerons
vous	changez	avez	changé	changiez	changerez
ils/elles	changent	ont	changé	changeaient	changeront

commencer (anfangen)

	Présent	Passé composé		Imparfait	Futur simple
je/j'	commence	ai	commencé	commençais	commencerai
tu	commences	as	commencé	commençais	commenceras
il/elle/on	commence	a	commencé	commençait	commencera
nous	commençons	avons	commencé	commencions	commencerons
vous	commencez	avez	commencé	commenciez	commencerez
ils/elles	commencent	ont	commencé	commençaient	commenceront

devoir (müssen, sollen)

	Présent	Passé composé		Imparfait	Futur simple
je/j'	dois	ai	dû	devais	devrai
tu	dois	as	dû	devais	devras
il/elle/on	doit	a	dû	devait	devra
nous	devons	avons	dû	devions	devrons
vous	devez	avez	dû	deviez	devrez
ils/elles	doivent	ont	dû	devaient	devront

dire (sagen)

	Présent	Passé composé	Imparfait	Futur simple
je / j'	dis	ai dit	disais	dirai
tu	dis	as dit	disais	diras
il / elle / on	dit	a dit	disait	dira
nous	disons	avons dit	disions	dirons
vous	dites	avez dit	disiez	direz
ils / elles	disent	ont dit	disaient	diront

écrire (schreiben)

	Présent	Passé composé	Imparfait	Futur simple
j'	écris	ai écrit	écrivais	écrirai
tu	écris	as écrit	écrivais	écriras
il / elle / on	écrit	a écrit	écrivait	écrira
nous	écrivons	avons écrit	écrivions	écrirons
vous	écrivez	avez écrit	écriviez	écrirez
ils / elles	écrivent	ont écrit	écrivaient	écriront

envoyer (senden)

	Présent	Passé composé	Imparfait	Futur simple
j'	envoie	ai envoyé	envoyais	enverrai
tu	envoies	as envoyé	envoyais	enverras
il / elle / on	envoie	a envoyé	envoyait	enverra
nous	envoyons	avons envoyé	envoyions	enverrons
vous	envoyez	avez envoyé	envoyiez	enverrez
ils / elles	envoient	ont envoyé	envoyaient	enverront

essayer (probieren)

	Présent	Passé composé	Imparfait	Futur simple
j'	essaie / essaye	ai essayé	essayais	essaierai
tu	essaies / essayes	as essayé	essayais	essaieras
il / elle / on	essaie / essaye	a essayé	essayait	essaiera
nous	essayons	avons essayé	essayions	essaierons
vous	essayez	avez essayé	essayiez	essaierez
ils / elles	essaient / essayent	ont essayé	essayaient	essaieront

faire (machen)

	Présent	Passé composé	Imparfait	Futur simple
je / j'	fais	ai fait	faisais	ferai
tu	fais	as fait	faisais	feras
il / elle / on	fait	a fait	faisait	fera
nous	faisons	avons fait	faisions	ferons
vous	faites	avez fait	faisiez	ferez
ils / elles	font	ont fait	faisaient	feront

lire (lesen)

	Présent	Passé composé	Imparfait	Futur simple
je / j'	lis	ai lu	lisais	lirai
tu	lis	as lu	lisais	liras
il / elle / on	lit	a lu	lisait	lira
nous	lisons	avons lu	lisions	lirons
vous	lisez	avez lu	lisiez	lirez
ils / elles	lisent	ont lu	lisaient	liront

mettre (setzen, stellen, legen)

	Présent	Passé composé	Imparfait	Futur simple
je / j'	mets	ai mis	mettais	mettrai
tu	mets	as mis	mettais	mettras
il / elle / on	met	a mis	mettait	mettra
nous	mettons	avons mis	mettions	mettrons
vous	mettez	avez mis	mettiez	mettrez
ils / elles	mettent	ont mis	mettaient	mettront

pouvoir (können, dürfen)

	Présent	Passé composé	Imparfait	Futur simple
je / j'	peux	ai pu	pouvais	pourrai
tu	peux	as pu	pouvais	pourras
il / elle / on	peut	a pu	pouvait	pourra
nous	pouvons	avons pu	pouvions	pourrons
vous	pouvez	avez pu	pouviez	pourrez
ils / elles	peuvent	ont pu	pouvaient	pourront

prendre (nehmen)

	Présent	Passé composé		Imparfait	Futur simple
je / j'	prends	ai	pris	prenais	prendrai
tu	prends	as	pris	prenais	prendras
il / elle / on	prend	a	pris	prenait	prendra
nous	prenons	avons	pris	prenions	prendrons
vous	prenez	avez	pris	preniez	prendrez
ils / elles	prennent	ont	pris	prenaient	prendront

savoir (können, wissen)

	Présent	Passé composé		Imparfait	Futur simple
je / j'	sais	ai	su	savais	saurai
tu	sais	as	su	savais	sauras
il / elle / on	sait	a	su	savait	saura
nous	savons	avons	su	savions	saurons
vous	savez	avez	su	saviez	saurez
ils / elles	savent	ont	su	savaient	sauront

venir (kommen)

	Présent	Passé composé		Imparfait	Futur simple
je	viens	suis	venu(e)	venais	viendrai
tu	viens	es	venu(e)	venais	viendras
il / elle / on	vient	est	venu(e)(s)	venait	viendra
nous	venons	sommes	venu(e)s	venions	viendrons
vous	venez	êtes	venu(e)(s)	veniez	viendrez
ils / elles	viennent	sont	venu(e)s	venaient	viendront

vivre (leben)

	Présent	Passé composé		Imparfait	Futur simple
je / j'	vis	ai	vécu	vivais	vivrai
tu	vis	as	vécu	vivais	vivras
il / elle / on	vit	a	vécu	vivait	vivra
nous	vivons	avons	vécu	vivions	vivrons
vous	vivez	avez	vécu	viviez	vivrez
ils / elles	vivent	ont	vécu	vivaient	vivront

voir (sehen)

	Présent	Passé composé	Imparfait	Futur simple
je / j'	vois	ai vu	voyais	verrai
tu	vois	as vu	voyais	verras
il / elle / on	voit	a vu	voyait	verra
nous	voyons	avons vu	voyions	verrons
vous	voyez	avez vu	voyiez	verrez
ils / elles	voient	ont vu	voyaient	verront

vouloir (wollen)

	Présent	Passé composé	Imparfait	Futur simple
je / j'	veux	ai voulu	voulais	voudrai
tu	veux	as voulu	voulais	voudras
il / elle / on	veut	a voulu	voulait	voudra
nous	voulons	avons voulu	voulions	voudrons
vous	voulez	avez voulu	vouliez	voudrez
ils / elles	veulent	ont voulu	voulaient	voudront

Substantive

1 Geschlecht

Start / Sehen

männlich: le voyage, le village / le miroir, le tiroir / le gâteau, le bateau / le projet, le billet / le réveil, le soleil / le poivron, le balcon
weiblich: la baguette, la raclette / la promenade, la salade / la liberté, la spécialité / la mairie, la crêperie / la soirée, la journée / la chaussure, la voiture

Verstehen

meist männlich: -oir, -eau, -et, -eil, -on
meist weiblich: -ade, -té, -ie, -ée, -ure

Anwenden 1

a. w b. w c. w d. w e. m f. w g. w h. m i. m j. w

Anwenden 2

weiblich: c, d, e, g, j, k, l, o

Anwenden 3

l', la, la, la, La, la, le, Le, le, le, la, l'

Anwenden 4

bureau, allée, armée, balcon, cravate, cigarette, reportage, croissant, chance, bonbon, champignon, pain
männlich: bureau, balcon, reportage, croissant, bonbon, champignon, pain

2 Einzahl und Mehrzahl

Start

Endungen: -eau, -al, ail, -x, -eu, -ou, -s

Sehen

le cheval, le journal, le travail, le cadeau, le manteau, le jeu, le neveu, le bijou, le chou, le jus, le mois, le prix, la noix

Verstehen

-aux, bijoux, manteaux, -s, -x

Anwenden 1

a. des pêche**s** b. des carotte**s** c. des poireau**x** d. des artichaut**s** e. des chou**x** f. des tomate**s** g. des ananas h. des olive**s** i. des avocat**s** j. des radis

Anwenden 2

les animaux, les chevaux, les taureaux, les riz, les vélos, les bateaux, les voitures, les touristes, des musées, des villes, les mois, des randonnées

Anwenden 3

a. B	A	T	E	A	U	X
b. P	R	I	X			
	c. L	I	V	R	E	S
d. J	E	U	X			
	e. S	E	L	S		

Lösungswort: Arles

3 Personen- und Berufsbezeichnungen

Start

Américaine, Italienne, Chinoises, Allemand, Russe, boulangère, cuisinier, danseuse, patron, directrice

Sehen

Endung gleich: Russe
+ e: Américaine, Chinoise, Allemand

Verdoppelung des Endkonsonanten
+ -e: Italienne, patron
-(i)er/-(i)ère: boulangère, cuisinier
-eur/-euse: danseuse
-teur/-trice: directrice

Verstehen

-ain → -aine	-ois → -oise	-d → -de
-ien → -ienne	-on → -onne	
-er → -ère	-ier → -ière	
-eur → -euse	-teur → -trice	

Anwenden 1

l'Allemagne, une Allemande,
la Belgique, un Belge,
le Japon, une Japonaise,
la Tchéquie, une Tchèque,
l'Algérie, un Algérien,
la Suède, une Suédoise,
l'Espagne, un Espagnol

Anwenden 2

actrice, éditrice, mathématicien, cuisinier, ingénieur, danseur, boulanger, opticienne, policier, professeur

Anwenden 3

L'épicier, Algérien, directeur, directrice, Anglais, Japonaise, chanteur, danseuse, patronne, Chinois, cuisinier

Begleiter

4 Bestimmter und unbestimmter Artikel

Start / Sehen

bestimmter Artikel: l'anniversaire, **le** père, **la** sœur, **les** parents, **l'**université,
unbestimmter Artikel: un ami, **une** collègue, **des** voisins

Verstehen

Bestimmter Artikel: le, la, l', les
Unbestimmter Artikel: un, une, des

Anwenden 1

le, le, les, la, les, les, la, le, les

Anwenden 2

un, une, des, un, une, un, des

Anwenden 3

le: fromage, melon, cadeau
la: bière, salade, soupe
l': invitation, anniversaire, assiette
les: invités, gâteaux, pistaches

Anwenden 4

des bières, des fromages,
des assiettes, des pistaches,
un melon, des salades, une soupe,
Les invités, des cadeaux, des gâteaux

5 *à/de* + bestimmter Artikel

Start

à la, à l', de la, de l', à l'
Fehlende Kombinationen: à le, à les, de le, de les

Sehen

à + bestimmter Artikel: au bal, à la salle des fêtes, à l'école, à l'ordinateur, aux États-Unis, aux échecs
de + bestimmter Artikel: du violon, de la clarinette, de l'accordéon, des pompiers, des fêtes

Verstehen

- Nur le und les verschmelzen zu au, aux und du, des.
- la und l' bleiben unverändert.

Anwenden 1
de la, du, de la, du, de l', de la, à l', au, aux, des, de la, de la, au, de la

Anwenden 2
Au, des, des, de la, des, à l', au, au, au, à la, au

Anwenden 3
du, aux, au, du, de l'

6 Teilungsartikel und Mengenangaben

Start
du beurre, de la farine, du sel, du sucre, des œufs, des pommes, de l'eau, 125 grammes de beurre, 250 grammes de farine, une pincée de sel, deux cuillères de sucre, deux œufs, un kilo de pommes, des noisettes, de la levure

Sehen
unbestimmte Angaben / Teilungsartikel: du, du, du, de la, de la, de l', des, des, des
bestimmte Angaben / Mengenangaben: 125 grammes de, une pincée de, deux cuillères de, 250 grammes de, deux, un kilo de

Verstehen
de, de, d', pas de

Anwenden 1
a. de b. de c. du d. du e. de la f. des g. du h. de i. du j. de la k. des

Anwenden 2
125 grammes de beurre, 150 grammes de sucre, 4 œufs, 50 grammes de noisettes, un sachet de levure, 125 ml de lait, 6 cuillères de cacao

Anwenden 3
grammes d', un morceau de, deux pots de, un litre de, du, pas de, de, 250 grammes de; Bild: die Käsetheke

Anwenden 4
a. Le litre de jus d'orange est en promotion.
b. Il faut aussi acheter des bananes.
c. Il n'y a plus de raclette au supermarché.

7 Possessivbegleiter

Start
a. nous b. Cendrillon c. Cendrillon
d. sa belle-mère, Javotte, Anastasie
e. sa belle-mère, Javotte, Anastasie
f. Cendrillon g. vous

Sehen
ein Besitzer: son père, sa mère, ses journées
mehrere Besitzer: notre livre, votre livre, notre famille, votre famille, leur servante, leurs repas / robes

Verstehen
mon, ton, son, ma, ta, sa, notre, votre, leur, mes, tes, ses, nos, vos, leurs, son père, sa mère

Anwenden 1
a. ami b. livre, illustrations
c. belle-mère d. mariage, adresse
e. princesse f. animaux

Anwenden 2
1. c – j', mon 2. d – Le prince, son, ses
3. e – Nous, notre 4. b – Tu, tes, leur
5. f – Vous, vos 6. a – Marie, son

Anwenden 3
ton – dein, ses – seine, sa – ihrer, son – ihr, sa – seiner, ses – seinen, leur – ihr, ses – ihren, leur – ihre

Anwenden 4
son, Son, mon, votre, vos, ma, Mes, ses, notre, nos

★ 8 Demonstrativbegleiter

Start / Sehen
Einzahl, männlich: ce quartier, ce prix, cet immeuble, cet hôtel
weiblich: cette annonce, cette rue
Mehrzahl, männlich: ces magasins, ces arbres
weiblich: ces photos

Verstehen
cette, ce, cet, ces

Anwenden 1
1. cette – b 2. ce – e 3. Cet – c 4. Ces – a 5. Cette – d

Anwenden 2
cet, cette, cet, ce, ces, ce

Anwenden 3
b. Je ne peux pas porter cet énorme carton !
c. Ce gros ordinateur marche encore ?
d. Tu prends cet immense fauteuil ?
e. Qu'est-ce que je fais de ces horribles vases ?
f. Une photo de nous ! Ah, cette inoubliable semaine en Argentine...

★ 9 Indefinitbegleiter

Start / Sehen
chaque: chaque homme, chaque enfant, chaque femme
quelque: quelques permanents, quelques phrases
tout: tout le monde, toute l'année, tous les pays, toutes les organisations

Verstehen
unveränderlich, Einzahl, der Zahl, veränderlich

Anwenden 1
1. tout le 2. toutes les 3. toutes les, toutes les 4. toute la, toutes les, tout l'

Anwenden 2
tout, Tous, quelques, chaque, quelques, quelques, chaque

Anwenden 3
a. seit einiger Zeit b. einige Personen / ein paar Personen c. jeden Tag d. ein paar Tage pro Woche e. einige Kinder, jede Woche

Adjektive

10 Formen und Angleichung

Start / Sehen
männlich Einzahl: sombre, agréable
weiblich Einzahl: isolée, jaune, moderne
weiblich Mehrzahl: bleues, vertes, agréables

Verstehen
-e, -e, kein, -s, -es, nach

Anwenden 1

männlich = weiblich: tranquille, romantique, célèbre, jeune, moderne
männliche Form endet mit Konsonant: intéressant, intéressante, gratuit, gratuite, gris, grise, froid, froide, vert, verte
männliche Form endet auf -é: préféré, préférée, organisé, organisée, équipé, équipée, compliqué, compliquée

Anwenden 2

célèbre**s**, préféré**e**, –, romantique**s**, bleu**e**, –, organisé**e**, blanc**he**, –, élégant**e**, gratuit**e**

Anwenden 3

a. modernes b. calme, élégantes
c. mariés, intelligente d. romantique

Anwenden 4

bleus, blanche, jolie, élégants, préféré, amusants

11 Stellung und die Adjektive *beau, nouveau, vieux*

Start

jolie, beau, vieil, bon, nouveau, vieux, bel, grandes, petite, nouvelle, bon, gros

Sehen

männlich: beau, nouveau, vieux
vor Vokal / stummem h: bel, vieil
weiblich: nouvelle, vieille

Verstehen

bel, nouvel, vieil, bon, grand, gros, joli, petit, beau, nouveau, vieux

Anwenden 1

a. nouvelle, vieille b. vieil, beau
c. nouveau, beaux, très belles d. vieux

Anwenden 2

a. Il y a un grand salon et une belle chambre. / Il y a une belle chambre et un grand salon.
b. Pour notre nouvelle maison, j'ai trouvé de jolis rideaux.
c. Il y a toujours de nouveaux travaux dans une vieille maison.
d. C'est une petite pièce idéale pour un bureau.
e. J'ai adoré le grand bar moderne et les belles chambres romantiques. / J'ai adoré les belles chambres romantiques et le grand bar moderne.

Anwenden 3

vieux, bon, belle, vieux, belle, vieux, beaux, vieilles, belle, vieil, belles, vieille, vieilles

★ 12 Besonderheiten

Start / Sehen

männlich Einzahl: exceptionnel, régional, discret
männlich Mehrzahl: européens, coquets, premiers
weiblich Mehrzahl: délicieuses, nombreuses, sportives, créatives

Verstehen

Nr. 2, 5, 1, 3, 4

Anwenden 1

a. actuel – 1 b. étranger – 5
c. brésilien – 1 d. heureux – 2
e. végétarien – 1 f. cher – 5
g. original – 4 h. amoureux – 2
i. bon – 1 j. positif – 3 k. dangereux – 2
l. dernier – 5 m. italien – 1
n. familial – 4 o. bas – 1

Anwenden 2

a. breton**nes** b. parisien**ne**
c. régiona**ux** d. brésilien**nes**
e. alsacien**nes**, provenç**ales**
f. sporti**ves** g. régiona**ux**, universel**les**
h. touristique**s**, naturel**les**

Anwenden 3

Plus de 6 oui ? amoureux / amoureuse, vrai/e, interculturelles, légère, aventureux
Entre 6 et 4 oui ? curieux / curieuse, amusants, originaux, traditionnels, reposant, sportives
Moins de 4 oui ? familiales, régionaux, accueillants, traditionnelles

★ 13 Steigerung – Komparativ

Sehen

Ungleichheit: plus pratique – praktischer, moins lourd que – weniger schwer als / leichter als, moins cher que – weniger teuer als / billiger als
Gleichheit: aussi confortable que – genauso bequem wie

Verstehen

plus, moins, aussi, que

Anwenden 1

moins fatigant que, plus lourd, plus cher, moins rapide que, meilleur, meilleur, aussi bon que, plus économique que

Anwenden 2

a. En magasin, le choix est moins grand que sur Internet.
b. Les conseils d'un professionnel sont plus sérieux.
c. Mais les vélos sont meilleur marché sur Internet.
d. Il est aussi facile d'acheter à l'étranger que dans son pays.
e. Sur les photos, le vélo peut être plus joli qu'en réalité.

Anwenden 3

plus nombreuses, moins grande, plus important, moins récent, plus grand, plus chaudes

★ 14 Steigerung – Superlativ

Sehen

plus: les plus populaires, les plus nombreux, le plus intéressant, les plus intéressantes
moins: le moins cher, les moins difficiles

Verstehen

plus, moins, la plus grande, de, de

Anwenden 1

1. la plus grande – d 2. le plus lourd – a
3. les moins rapides – e
4. le plus long – c 5. les plus gros – b

Anwenden 2

le plus populaire, les moins faciles, les plus sensibles, la plus originale, les plus populaires, les plus intéressants, les moins difficiles, le plus stupide

Anwenden 3

a. le plus beau cadeau b. notre meilleure idée c. l'offre la moins chère d. les animaux les plus rapides du monde e. ses meilleurs amis

Adverbien

★ 15 Bildung auf *-ment* und ursprüngliche Adverbien

Start
génialement, complètement, dangereusement, absolument, totalement, sérieusement, vraiment

Sehen
Adjektiv Einzahl: dangereux, sérieuse
Adverb auf -ment: exactement, complètement, dangereusement, sérieusement, génialement, totalement, absolument, vraiment

Verstehen
1. weibliche
2. männliche

Anwenden 1
a. sagement b. sainement c. modérément d. régulièrement e. directement f. généralement, parfaitement

Anwenden 2
dernière, génial, rapidement, longuement, vraiment, exactement, facilement, géniales, normalement, prochain, vite

Anwenden 3
a. sagement b. volontiers c. très souvent d. Normalement, vite e. beaucoup f. rarement g. toujours

★ 16 Unregelmäßige Formen

Start / Sehen
indifféremment, brillamment, couramment, précisément, bien, mal

Verstehen
-amment, -emment, intensément, précisément

Anwenden 1
a. bien b. couramment c. fréquemment d. brillamment e. mal

Anwenden 2
bon, commode, Récemment, malheureusement, bien, profondément, énormément, génial, vraiment

Anwenden 3
a. J'ai rencontré Adrien récemment. / Récemment, j'ai rencontré Adrien.
b. Les acteurs jouent brillamment!
c. Elle ne voit plus très bien, malheureusement. / Malheureusement, elle ne voit plus très bien.
d. Je regarde indifféremment des films allemands ou français.

★ 17 Steigerung – Komparativ und Superlativ

Start / Sehen
Komparativ: aussi bien, mieux, plus souvent, moins vite
Superlativ: le mieux, le plus souvent, le plus vite

Verstehen
genauso, plus, moins, aussi, plus, moins, mieux, mieux

Anwenden 1
b. Les jeunes écrivent des textos plus vite que leurs parents.
c. C'est cet ordinateur qui fonctionne le mieux.

d. Dans les e-mails, on utilise les émoticônes moins intensément que dans les textos.
e. Stéphane utilise son dictionnaire le moins souvent possible.
f. Ton portable envoie des photos aussi rapidement que ma tablette.
g. Il comprend l'italien moins facilement que l'espagnol.

Anwenden 2
a. le plus simplement, plus rapidement que
b. moins facilement, plus souvent
c. le mieux, plus précisément

Pronomen

18 Subjektpronomen

Start
elle, je, vous, Elles, Il, tu, j', je, Nous, On

Sehen
Einzahl: je / j', tu, il / elle
Mehrzahl: nous / on, vous, vous, elles

Verstehen
j', nous, on, Vous, ils, elles

Anwenden 1
a. Il b. Elle c. Elles d. Elle e. Ils f. Il, Je

Anwenden 2
Vous, je, Je, Il, Tu, J', ils, tu, Tu, nous

Anwenden 3
tu, Je, Tu, Ils, Nous, Vous, Il, On, Je

19 Betonte Personalpronomen

Sehen
Einzahl: moi, toi, lui, elle
Mehrzahl: nous, vous, eux

Verstehen
elle, nous, vous, elles, moi, toi, lui, eux, vous, toi, toi, moi, vor, Moi, je

Anwenden 1
a. elle, elle b. Moi c. toi d. elles, elles e. eux, eux f. Nous

Anwenden 2
1. e 2. d 3. a 4. b 5. c

Anwenden 3
a. et vous b. De moi c. avec eux d. chez moi e. Moi aussi f. C'est moi

20 Direkte Objektpronomen

Start
le – ce manteau, la – la veste verte, l' – la veste verte, t' – Claire, vous – monsieur et madame, les – ces deux modèles

Sehen
Einzahl: t', le, la, l'
Mehrzahl: vous, les

Verstehen
bestimmten, in der Einzahl, vor, vor, innerhalb

Anwenden 1
1. d 2. a 3. e 4. f 5. b 6. c

Anwenden 2
je l'adore, Je vais la prendre, tu me trouves, vous ne me regardez pas, on te regarde, je les ai mis, Je ne le trouve pas, Nous l'avons oublié, tu l'as laissé, nous ne la prenons pas, viennent nous chercher, je vais vous laisser

Anwenden 3

a. les b. nous c. m', me d. la, vous
e. l', le, nous

★ 21 Indirekte Objektpronomen

Start

leur – à tes parents, nous, nous – à nous, lui – à ton frère, lui – à ta sœur, m' – à moi, te – à toi

Sehen

Einzahl: m', te, lui
Mehrzahl: nous, leur

Verstehen

me, te, nous, vous, lui, leur, vor

Anwenden 1

1. e 2. d 3. b 4. a 5. c

Anwenden 2

a. leur b. te c. lui d. m' e. lui f. nous

Anwenden 3

a. Nous leur avons offert une couette.
b. La mère d'Emma lui a acheté une robe.
c. Le Père Noël nous a apporté des jouets.
d. Les enfants vont m'offrir une surprise.

Anwenden 4

lui, lui, l', les, leur, les, vous

22 Neutrale Pronomen

Start

c'est, il fait, Il (ne) pleut (plus), regarde ça, il y a, il fait, C'est, C'est, il est, Ça suffit, Il faut, Il y a, Cela tombe, ce sont

Sehen

1. c'est, C'est, C'est, ce
2. ça, Ça, Cela
3. il fait, il fait, il, il y a, il est, il y a, il faut

Verstehen

1. être
2. cela, ça
3. il, Il, il y a, il faut

Anwenden 1

Ça, C', ce, C', C', Ce, ça, C', ce, ça, ça, C'

Anwenden 2

Il est quatre heures.
Il faut prendre un pull.
Il y a du soleil.
Il fait chaud.
Il pleut beaucoup.
Il y a des restaurants dans le parc.
Ça tombe bien!
Ça va être super.
Ça vous dit?
Ce sont des amis super sympas.
Ce sont les vacances!
C'est super!

Anwenden 3

Salut, ça va? Regardez ça!
Aujourd'hui, il ne pleut pas.
C'est incroyable.
Il y a du soleil et il fait chaud.
Il est huit heures et demie. Il faut sortir!
On va / Nous allons à l'Europapark, ça vous dit?
Bisous, Veronika

Tolle Idee und das trifft sich gut:
wir fahren auch zum Europapark.
Es wird super!
Bis bald, Kirsten und Thierry

★ 23 *y* und *en*

Start / Sehen

y: à la Rochelle, à la transat
en: de la voile, beaucoup de sport, des cours de yoga

Verstehen

à, de, de, vor, ne

Anwenden 1

b. Oui, nous y participons tous les ans.
c. Oui, je m'en souviens très bien.
d. Non, il n'y est pas encore.

Anwenden 2

y, en, y, y, y, en

Anwenden 3

1. J'en fais depuis longtemps. – c
2. Nous y avons participé l'été dernier. – b
3. Yves s'y entraine deux fois par semaine. – d
4. Nous en avons pris trois. – a

Anwenden 4

1. d 2. e 3. f 4. b 5. a 6. c

★ 24 Demonstrativpronomen

Start

celui à 12 euros – ce vase, ceux sur l'étagère – ces bols, celles sur la table – les tasses, celle à gauche ou celle à droite – la théière, celle-ci – la théière

Sehen

Einzahl männlich: celui,
weiblich: celle, celle-ci/-là
Mehrzahl männlich: ceux,
weiblich: celles

Verstehen

ja, nie, -ci, -là

Anwenden 1

celui-ci: un bol, un vase
celle-là: une tasse, une théière
ceux-ci: 2 coquetiers, 4 verres
celles-là: 6 assiettes, 4 tasses

Anwenden 2

celui, celui, celui, celles, celles, ceux

Anwenden 3

a. On prend la théière ? / Nous prenons la théière ?
Celle en porcelaine ? Pourquoi pas ?
b. Et nous achetons / on achète six tasses.
Celles-ci ou celles-là ?
c. Celles sur la table. Avec six assiettes.
Celles du service ?
Combien coute le service ?
d. Ce service coute 80 euros et celui-là 120 euros.
On prend / Nous prenons celui à 80 euros.

Verben: Gegenwart

25 *être* und *avoir*

Start / Sehen

être: suis, est, sommes, sont
avoir: ai, a, avons, avez, ont

Verstehen

ja, nein, ja, ja, nein

Anwenden 1

est, suis, es, es, sont, sommes, est, êtes, sommes

Anwenden 2
Waagrecht: nous avons, ils/elles ont, tu as
Senkrecht: j'ai, vous avez
Fehlt: il/elle/on a

Anwenden 3
est, a, avons, est, ont, ai, avons, a, est, a, a, as, suis

26 Verben auf *-er*

Start
jouent, jouez, joues, joue, jouons, joue, joues

Sehen
joue, joues, joue, jouons, jouez, jouent

Verstehen
jou-, -es, -e, -ons, -ez, -ent

Anwenden 1
je/j': continue, arrive
tu: aimes, arrives
il/elle/on: continue, arrive
nous: continuons, aimons
vous: arrivez, continuez
ils/elles: aiment, continuent
Stämme: arriv-, aim-, continu-

Anwenden 2
a. -e, raconter b. -ez, apporter c. -ent, passer d. -ons, parler e. -es, trouver f. -e, oublier

Anwenden 3
aiment, raconte, apportons, passe, discutent, trouve, oublie

Anwenden 4
adorent, joue, chante, chantes, invite, chantez, chante, donnez, chantons, donne

Reihenfolge: 2. Oui... 3. Mais... 4. Nous... 5. Vous... 6. Bien-sûr...

27 Besonderheiten der Verben auf *-er*

Start
préférez, préfère, essaie, achète, achetez, appelle, appelez, envoyez, envoie, préférons, essayons, achetons

Sehen
essayer: essaie, essayons
envoyer: envoie, envoyez
acheter: achète, achetons, achetez
appeler: appelle, appelez
préférer: préfère, préférons, préférez

Verstehen
i, è, changeons, commençons, e, ç

Anwenden 1
a. appeler, appelle b. paies/payes, payez c. amener, amènent d. répètes, répétez e. manger, mangeons

Anwenden 2
a. commence, commençons b. voyage, voyagent c. préfères, préférons d. envoyez, envoie e. espère, espérons

Anwenden 3

				1 A	P	P	E	L	E	Z					
				2 E	S	S	A	I	E	S					
					3 V	O	U	V	O	I	E				
						4 P	A	R	T	A	G	E	O	N	S
			5 R	É	P	È	T	E	N	T					
6 E	M	P	L	O	Y	O	N	S							

Lösungswort: des livres

28 Verben auf *-ir*

Start / Sehen

finir: finissons
sortir: (ne) sors (plus), sors, sort, sortons

Verstehen

s, s, t, Mehrzahl, finissons, Einzahl

Anwenden 1

a. réunissons b. choisit c. finissent
d. réfléchissent e. finit f. applaudissez
g. réfléchis h. choisissent

Anwenden 2

b. On réunit la famille ?
c. On sort avec des amis ?
d. On dort jusqu'à midi ?
e. On finit un livre ?
f. On part en weekend ?

Anwenden 3

partons, choisis, servent, ouvre, dors, sortons, dors, sors, finis, part

29 Verben auf *-dre*

Start / Sehen

vendre: vend, vendons, vendez
prendre: prends, prend, prenez, prennent

Verstehen

-s, vend-, prend-, prenons, prenez, prennent

Anwenden 1

a. vendent b. prends c. prennent
d. prenez, vends

Anwenden 2

a. descendons, descends, descendre
b. attendez, attends, attendre
c. répondent, répond, répondre
d. comprenons, comprends, comprendre
e. apprenez, apprends, apprendre
f. reprennent, reprend, reprendre

Anwenden 3

prend, répond, attendons, prenons, comprends, comprends, prennent, descendent, attend, répondons, vendons

30 Wichtige unregelmäßige Verben

Start

vois, écris, lis, vais, mets, dit, fais, lisons, faisons, allons, écrivons, vas, allez, faites, venez, vient, voyez, dites

Sehen

aller: vais, vas, allons, allez
dire: dit, dites
écrire: écris, écrivons
faire: fais, faisons, faites
lire: lis, lisons
mettre: mets
venir: vient, venez
voir: vois, voyez

Verstehen

-s, -t, -ons, -ez, -ent

Anwenden 1

a. écrit b. voit c. vont, font d. viennent, mettent

Anwenden 2

allons, lis, fais, vois, voyons, venons, allons, êtes, va, écris, dis, lisez, mets

Anwenden 3

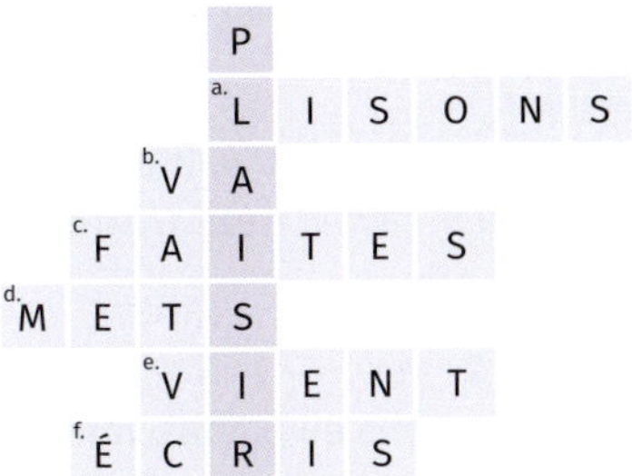

Lösungswort: le plaisir

★ 31 Reflexive Verben

Start / Sehen

je me repose, tu te reposes, il/elle/on se repose, nous nous reposons, vous vous reposez, ils/elles se reposent

Verstehen

vor, me, te, se, nous, vous, se, me, te, se, Reflexivpronomen, Verb, ne se repose pas

Anwenden 1

me, m', se, te, t', se, nous, vous, te, nous

Anwenden 2

se passe, me lève, me douche, m'habille, se rendorment, vous dépêchez, vous couchez, ne s'endort pas, se couchent, te couches, se lève, s'ennuie

Anwenden 3

a. La nouvelle voisine s'appelle Pascale.
b. Tu te reposes bien dans le jardin.
c. Lucie et André se promènent avec Zoé.
d. Mais Zoé veut se baigner.
e. Louis et Emma se marient en octobre.
f. Vous vous rendormez souvent.

★ 32 Modalverben: *devoir, pouvoir, savoir, vouloir*

Start

tu sais, je ne sais pas, il veut, il ne peut pas, nous pouvons, nous devons, ça ne doit pas, je peux, tu veux, on peut, ils savent

Sehen

devoir: doit, devons
pouvoir: peux, peut, pouvons
savoir: sais, sais, savent
vouloir: veux, veut

Verstehen

-x, -x, Infinitiv, devoir, können, dürfen

Anwenden 1

devons, peut, veux, peux, peux, pouvez, pouvons, voulons, sait, peut

Anwenden 2

peux, voulez, doit, devez, devons, pouvez, faut, peux, sais

Anwenden 3

a. Arthur et Simon ne savent pas cuisiner.
b. Cédric peut aider Arthur et Simon.
c. Simon peut acheter un autre vin.
d. Je sais bien choisir un vin.
e. Est-ce que tu peux passer l'aspirateur aujourd'hui ? / Tu peux passer l'aspirateur aujourd'hui ? / Peux-tu passer l'aspirateur aujourd'hui ?

Verben: Vergangenheit

33 *Passé composé* mit *avoir* und *être*

Start / Sehen

avoir: ai dormi, ai visité, a choisi, avons mangé, avons passé
être: suis allée, suis descendue, (n')est (pas) allée, sommes sortis, sommes parties, sont allés

Verstehen

-é, mangé, -i, dormi, -du, descendu, avoir, être, ne, pas

Anwenden 1

a. as visité b. ont écouté
c. avez trouvé, avez dormi
d. a oublié, a passé
e. avons fini f. as répondu

Anwenden 2

1. descendu**s** – b 2. arrivé**es** – a
3. –, monté**e** – d 4. allé**s** – e
5. resté**e** – c

Anwenden 3

b. Elle n'a pas regardé la vue sur Paris à Montmartre.
c. Elle est allée au château de Versailles.
d. Elle a loué un vélo, mais elle n'est pas montée sur un batobus.
e. Elle a choisi un parfum aux Galeries Lafayette.
f. Elle n'a pas diné dans une grande brasserie.

34 Unregelmäßige *participes passés*

Start / Sehen

fait, bu, venu, mis, vu, pu, pris, eu

Verstehen

eu, bu, vu, pu, lu, appris, compris

Anwenden 1

2. voir / eu 3. avoir / lu 4. lire / fait
5. faire / su 6. savoir / été 7. être / mis
8. mettre / pris

Anwenden 2

a. avez fait, avons eu b. êtes venus, a pu c. avez bu, ai pris d. as lu, ai voulu e. as dû, a été

Anwenden 3

a. Vous avez été au bal à quelle heure ?
b. J'ai vu Heike et Léon danser.
c. Je n'ai pas pu participer au cours de danse.
d. Tu as eu mal aux pieds ? On a trop dansé ?
e. L'orchestre a su faire danser tout le monde.
f. Ils ont bu du champagne pour fêter le Traité.

★ 35 *Passé composé* der reflexiven Verben

Start / Sehen

me suis amusée, t'es amusée, s'est amusé/amusée, nous sommes amusés, se sont amusés

Verstehen

être, Subjekt, ne, pas

Anwenden 1

a. –, – b. couché**e**, endormi**e**
c. caché**es** d. ennuyé**e**, – e. promené**s**

Anwenden 2

me suis levée, me suis baignée, nous sommes promenées, se sont mariés, me suis bien amusée, nous sommes couchés, me suis installée

Anwenden 3

1. c, Non, je ne me suis pas bien amusée hier.
2. e, Non, nous ne nous sommes pas baignés.
3. a, Non, elle ne s'est pas excusée.
4. b, Non, ils ne se sont pas mariés en mai.
5. d, Non, je ne me suis pas levé à 7h.

★ 36 *Imparfait:* Bildung und Gebrauch

Start / Sehen

habiter: habitais, habitait, habitions, habitiez
faire: faisais, faisait, faisions, faisiez, faisaient
être: étais, était, étions, étaient

Verstehen

-ais, -ais, -ait, -ions, -iez, -aient, nous-Form, habit-, fais-, ét-, n', pas

Anwenden 1

1. f 2. d 3. b 4. e 5. a 6. c

Anwenden 2

a. allons, allait b. sortir, sortais c. pouvons, pouvaient d. prendre, preniez e. finissons, finissais f. savoir, savions g. vendons, vendait h. se reposer, se reposait i. voyageons, voyagions j. jouer, jouiez

Anwenden 3

étions, avaient, vendaient, passait, faisait, sortions, nous amusions, venais, jouait, adorais, vouliez, était, aviez

★ 37 *Imparfait* oder *passé composé?*

Start

passé composé: est arrivée, ont installé, a demandé
imparfait: était, faisait, étais, lisais, étais

Sehen

passé composé: 1. est arrivée 2. ont installé 3. a demandé
imparfait: a. était b. faisait c. étais d. lisais e. étais

Verstehen

imparfait – Beispiele a, b, e, passé composé – Beispiel 1, passé composé – Beispiele 2, 3, imparfait – Beispiel c, imparfait – Beispiel d, imparfait, passé composé

Anwenden 1

a. a demandé, avait b. sont arrivés, portaient c. étais, ai parlé d. cherchait, ai accepté

Anwenden 2

a. I – passait b. I – étudiait c. I – aimait d. PC – est arrivée e. PC – a adoré f. PC – a proposé – a dit g. PC – a suivi h. PC – a décidé

Anwenden 3

n'existaient pas, ont filmé, sortaient, était, ont organisé, a eu, se trouvait, était, a tourné, a inventé

Verben: Zukunft

38 *Futur proche* – nahe Zukunft

Sehen

Präsens von aller, Verb in der Grundform, **je:** vais venir, vais me coucher

tu: vas faire, vas avoir
il/elle/on: (ne) va (pas) partir
nous: allons faire
vous: allez partir

Verstehen

aller, der Grundform (Infinitiv), aller, den Infinitiv, Warnungen

Anwenden 1

a. vais aller, vas prendre b. Mardi, vas acheter c. allons regarder, vont rendre d. Jeudi, va faire, va venir, va être e. Vendredi, va dormir, allez ... amener, vais travailler

Anwenden 2

1. W – d 2. U – a 3. V – e 4. V – b 5. U – c

Anwenden 3

a. allons le reprendre, ne vont pas se coucher
b. vas te reposer, vais les faire
c. allons prendre, va y aller, va se garer, va ... trouver
d. ne va pas les commander

★ 39 *Futur simple* – einfache Zukunft

Start

il neigera, il continuera, nous vivrons, on vivra, ouvrira, vous continuerez, nous continuerons, j'ouvrirai

Sehen

continuer: continuera, continuerons, continuerez
ouvrir: ouvrirai, ouvrira
vivre: vivra, vivrons

Verstehen

die gleichen, avoir, Grundform, -e, neigera, Versprechen

Anwenden 1

achèterons, louerons, fabriqueront, travailleras, commanderas, vivra, essaiera / essayera, aidera, mangera, ouvriront, partagerez, réapprendra

Anwenden 2

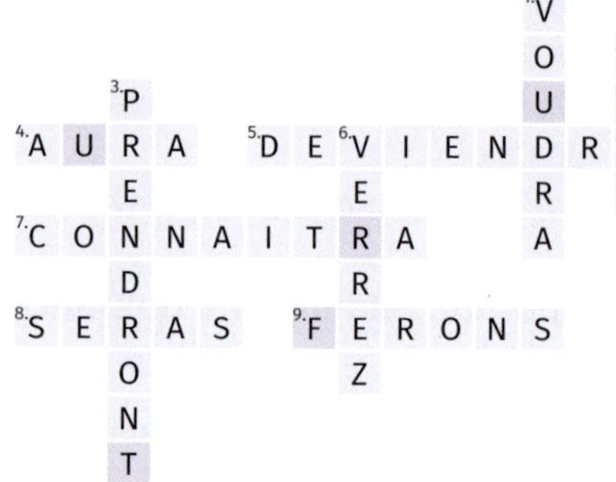

Lösungswort: le FUTUR

Anwenden 3

a. j'aurai b. neigera c. vais mettre d. va pleuvoir e. prendrez, arriverez f. nous rendront

Verben: weitere Formen

★ 40 *Conditionnel présent*

Start

pouvoir, pouvoir, aimer, aller, aimer, aller, être, être

Sehen

aimer: aimerais, aimerait
prendre: prendrais
pouvoir: pourrais, pourrions
être: serais, serait
aller: irions, iriez

Verstehen

imparfait, die Grundform, -e, futur simple

Anwenden 1
a. B – voudrais b. R – achèterais
c. W – ferait d. W – ceserait
e. R – attendrais, W – pourrais
f. W – préfèrerais

Anwenden 2
a. dormirait b. prendrait
c. découvririons d. choisirions
e. irions, proposeraient f. oublierait

Anwenden 3
a. Je devrais appeler.
b. Vous pourriez répéter s'il vous plait ? / Est-ce que vous pourriez répéter s'il vous plait ? / Pourriez-vous répéter s'il vous plait ?
c. Tu ferais quoi à ma place ? / Qu'est-ce que tu ferais à ma place ? / Que ferais-tu à ma place ?
d. Il irait bien au cinéma. / Il aimerait aller au cinéma.
e. Nous aurions une idée...

41 Imperativ

Start / Sehen
écouter: écoute, écoutez
lire: lis, lisez
faire: faisons, faites
prendre: prenons

Verstehen
-er, s, Verb

Anwenden 1
b. Prends ton livre page 8.
c. Terminez l'exercice.
d. Ne jouons pas le dialogue.
e. Faites correspondre.
f. Répète après moi.
g. Soyez attentifs.

Anwenden 2
regarde, mets, entre, ouvre, ne clique pas, crée, prends, Réfléchis, commence

Anwenden 3
b. écrire, écrivez c. coller, collez
d. écouter, écoutez e. choisir, choisissez f. ne pas manquer, ne manquez pas

★ 42 Imperativ mit Pronomen

Start
Occupe-toi, ne te repose pas, regarde, reposons-nous, Occupez-vous, Reposez-vous, découvrez, Envoyez-nous, téléphonez-nous, Ne leur envoyons pas, téléphonons-leur

Sehen
s'occuper: occupe-toi, occupez-vous
se reposer: reposons-nous, reposez-vous, ne te repose pas
envoyer: envoyez-nous, ne leur envoyons pas
téléphoner: téléphonez-nous, téléphonons-leur

Verstehen
nach, moi, vor, ändern sich nicht

Anwenden 1
b. Repose-toi en Bretagne.
c. Ne te lève pas trop tard.
d. Relaxons-nous au hammam.
e. Reposons-nous sur la plage.
f. Relaxez-vous au bord de la mer.
g. Promène-toi dans la nature.

Anwenden 2
b. réserve-la c. prenons-les
d. ne le prends pas e. allons-y
f. appelle-moi g. demande-lui

Anwenden 3
a. Reposez-vous bien!
b. N'y va pas!
c. Attends-moi!
d. Donne-moi ton adresse.
e. Dépêchez-vous!

★ 43 *venir de* und *être en train de*

Start / Sehen
être en train de: je suis en train de semer
venir de: je viens de cueillir, je venais d'arroser

Verstehen
être en train de, venir de, imparfait

Anwenden 1
b. Martin vient d'arroser les tomates.
c. Perrine vient d'apporter l'arrosoir.
d. Vous venez de cueillir les citrons.
e. Tu viens de semer la salade.
f. Nous venons de planter un pommier.
g. Je viens de nettoyer les fraisiers.

Anwenden 2
a. est en train de semer
b. viens de faire
c. est en train de dormir
d. venons de boire
e. viens de les arroser

Anwenden 3
a. était en train de b. viens de
c. viennent de, sont en train de
d. était en train de

Präpositionen

44 Die Präpositionen *à, de* und *en*

Start / Sehen
à: au pays, à la brasserie, au travail, à quelques mètres, au beurre salé, à cinq euros
de: de la capitale, du port, le pays des crêpes, le commissaire des romans de Jörg Bong, une bouteille de vin
en: en tissu, en voiture
Lösung: Georges Dupin

Verstehen
à, zur Angabe der Herkunft, bei Mengenangaben, bei Zugehörigkeit, en

Anwenden 1
1. d 2. a 3. e 4. f 5. b 6. c

Anwenden 2
au, du, de, au, de la, du, en, à, à, à la

Anwenden 3
a. commander un menu à 35 euros
b. voyager en train
c. habiter au centre-ville
d. sortir du restaurant
e. acheter une table en bois
f. prendre la voiture de mon frère

45 Präpositionen vor Ländern und Städten

Start
en Chine, à Pékin, du Mexique, de Tulum, au Mexique, des Seychelles, aux Seychelles, en Italie, À Rome, à Amalfi

Sehen
Ort und Richtung: à, à, au, en, en, aux
Herkunft: de, du, des

Verstehen
à, au, aux, en, de, du, des

Anwenden 1
à: Berlin, Rome, Lyon, New Dehli
au: le Japon, le Brésil, le Canada, le Portugal
aux: les Émirats arabes unis, les États-Unis, les Pays-Bas, les Antilles
en: l'Allemagne, la Bolivie, la Tunisie, l'Irlande

Anwenden 2
1. b, Du 2. d, Des 3. a, D' 4. e, De 5. c, De

Anwenden 3
à, de, du, à, à, à, en, en, aux

46 Präpositionen bei Zeitangaben

Start
le 5 octobre 2018, depuis septembre, En automne, en hiver, le lundi, de 8h30 à 10h, À Noël, après les fêtes, En mars, le soir, à 20h, le mardi, lundi, avant le départ, À bientôt

Sehen
Uhrzeiten, Feiertagen, besonderen Ausdrücken: à
nach einem Zeitpunkt: après
vor einem Zeitpunkt: avant
Zeiträumen: de... à...
seit einem Zeitpunkt: depuis
Monatsangaben, Jahreszeiten, Jahreszahlen: en
Datumsangaben, Häufigkeit: le

Verstehen
en, Anders als, de... à, mit den bestimmten Artikeln

Anwenden 1
a. en 2009 b. depuis huit ans
c. à 8h15 d. le 15 octobre 2018

Anwenden 2
le, à, depuis, le, l', d', à, au, en

Anwenden 3
a. travailler du matin au soir
b. se détendre après le travail
c. fêter le premier / le 1er mai
d. faire du sport le jeudi
e. À demain!

Satzbau

47 Aussagesatz

Start
Nous achetons des gâteaux.
En général, nous achetons des gâteaux à la pâtisserie.
Nous achetons en général des gâteaux à la pâtisserie, le dimanche.
Le dimanche, en général, nous achetons des gâteaux aux enfants à la pâtisserie.
En général, le dimanche, à la pâtisserie, nous achetons des gâteaux aux enfants.

Sehen
direktes Objekt: des gâteaux
indirektes Objekt: aux enfants
mobile Ergänzung: en général, à la pâtisserie, le dimanche

Verstehen

Satzmuster: Subjekt + **Verb** + **direktes** Objekt + **indirektes** Objekt, Subjekt + **Verb** + Adjektiv, sowohl am Satzanfang als auch am Satzende stehen, Komma, **Ort:** à la pâtisserie, **Zeit:** le dimanche, **Art und Weise:** en général

Anwenden 1

a. Les boulangeries ouvrent le dimanche. / Le dimanche, les boulangeries ouvrent.
b. On offre des gâteaux aux invités.
c. À Paris, les musées sont passionnants. / Les musées sont passionnants à Paris.
d. Tu achètes parfois des tartelettes. / Parfois, tu achètes des tartelettes. / Tu achètes des tartelettes parfois.

Anwenden 2

mobile Ergänzungen: Dans cette pâtisserie, Parfois, le matin, souvent, depuis une semaine
In dieser Konditorei schmecken die Croissants sehr gut. Meine Freundin Tatiana mag sie sehr. Manchmal trinken wir morgens zusammen einen Café und oft kaufe ich Croissants für Tatiana. Aber seit einer Woche ist die Konditorei für einen Monat geschlossen. Das ist wirklich ärgerlich.

Anwenden 3

À la maison de la presse, on peut acheter des journaux et des magazines, et parfois des stylos. Mais moi, je préfère, en général, acheter du chocolat.

48 Verneinung

Start / Sehen

1. nous ne sommes pas végétariens, nous ne supportons pas les produits laitiers
2. on ne te dérange pas
3. on ne veut pas te déranger
4. Pas de problème!, je ne fais pas de fondue

Verstehen

1. **ne** + Verb + **pas**
2. Subjekt + **ne** + Pronomen + Verb + **pas**
3. Subjekt + **ne** + **Modalverb** + **pas** + **Pronomen** + **Infinitiv**

Anwenden 1

b. Ce n'est pas intéressant.
c. La cuisine n'est pas bonne ici.
d. Tu ne fais pas attention.
e. Il ne se comporte pas très bien.
f. Je n'aime pas vraiment.
g. Sabine n'est pas très joyeuse.

Anwenden 2

ne vais pas, ne peux pas, ne voulons pas déjeuner, ne le connais, ne veux pas manger

Anwenden 3

a. je ne l'apporte pas
b. nous ne préparons pas d'entrée.
c. ça ne me plait pas du tout.
d. je ne reste pas dormir
e. nous ne les aimons pas

49 Fragesätze

Start
Avez-vous fait…?, Est-ce que vous avez…?, Vous n'avez pas trouvé…?, pouvons-nous garer…?

Sehen
Intonationsfrage: Vous n'avez pas trouvé…?
Frage mit est-ce que: Est-ce que vous avez…?
Inversionsfrage: Avez-vous fait…? / Pouvons-nous…?

Verstehen
ja, ja, nein (von der Intonationsfrage)

Anwenden 1
a. Est-ce que vous payez par carte, Mme Schneider?
b. C'est une carte de paiement?
c. Est-ce que vous avez une pièce d'identité?
d. Je peux vous aider?
e. Est-ce qu'il y a un problème avec le code d'entrée du garage?
f. Vous êtes déjà venus à Strasbourg?

Anwenden 2
1. Peut-on avoir deux clés? – b
2. Les petits déjeuners, sont-ils compris? – d
3. Offrez-vous un service de chambre? – e
4. Est-ce une chambre à deux lits? – a
5. Le bar, est-il encore ouvert à 23h? – c

Anwenden 3
Chéri, nous commençons par une visite de la cathédrale?
Est-ce que la visite est gratuite?
Après, on va dans le quartier de la Petite France?
Est-ce que tu as l'heure?
Prends-tu encore un café?
On peut partir en ville alors?
Vendent-ils des tickets de bus à la réception à ton avis?
Est-ce que je demande aussi un plan? / Est-ce que je demande un plan aussi?

50 Fragewörter

Start / Sehen
Intonationsfrage: d'où, quoi, comment
Frage mit est-ce que: où, combien
Inversionsfrage: qui, quand
Einzelfrage: pourquoi
quel: quel jour, quelle gare

Verstehen
nein (direkt nach dem Verb bzw. am Satzende), ja, nein (am Satzanfang), ja

Anwenden 1
a. Pourquoi est-ce que tu habites à Paris?
b. Dans quelle rue est-ce que tu habites à Nantes? / À Nantes, dans quelle rue est-ce que tu habites?
c. Tu veux partir à quelle heure, mardi? / Mardi, tu veux partir à quelle heure?
d. Où est-ce que nous faisons une pause-café?

Anwenden 2
Quel, quel, quelle, quelles, Quels, quelle, quel

Anwenden 3

1. Où – d 2. d'où – f 3. quoi – a
4. combien – e 5. Pourquoi – b
6. Comment – c

★ 51 Relativsatz

Start

la ville où, les paquebots qui, Le jour où, des bateaux qui, un spectacle que

Sehen

qui – partaient, viennent, où, que – je vous recommande

Verstehen

qui, que, qui, où, que, qu'

Anwenden 1

b. J'ai pris un bateau qui va à Southampton.
c. Elle regarde le ferry que je prends pour aller en Irlande.
d. Le poulet au cidre que ce restaurant propose est une spécialité normande.
e. J'ai beaucoup d'amis qui travaillent au port.

Anwenden 2

a. que b. qui c. qu' d. qui e. que f. où g. qui

Anwenden 3

1. qui 2. qui 3. que 4. qu' 5. que 6. qui 7. que 8. qui

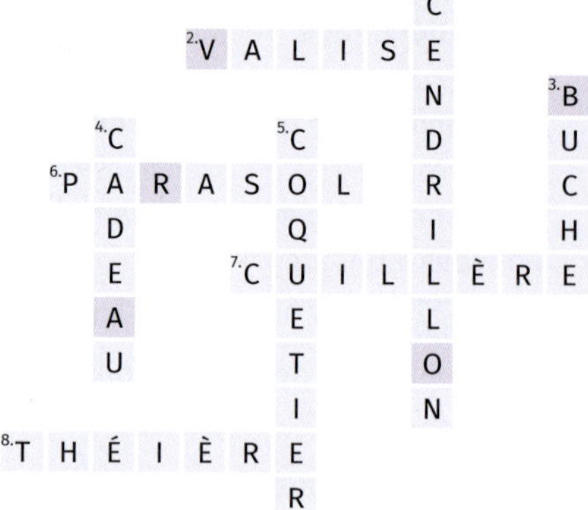

Lösungswort: Bravo!

Register

Die Zahlen sind **Kapitelangaben**

Quellenverzeichnis

Titel und Rücktitel: © Thinkstock/iStock/ Daniilantiq

Fotos Innenteil:
S. 8: © iStock/Michele Vacchiano
S. 9: © Thinkstock/iStock/Freeartist
S. 11: oben © iStock/Alison Stieglitz, unten © Thinkstock/iStock/eurotravel
S. 15: © Getty Images/iStock/ monkeybusinessimages
S. 16: © iStock/canismaior
S. 17: © Thinkstock/Fuse
S. 18: © Wilm Ihlenfeld – stock.adobe.com
S. 20: oben © Thinkstock/Digital Vision, unten © Thinkstock/Comsstock
S. 21: © fotolia/Viktor
S. 23: © fotolia/Zarya Maxim
S. 24: von links nach rechts © Gamut-stock.adobe.com, © Getty Images/iStock/Zarnell, © Getty Images/E+/andresr
S. 25: Isabell Heß, Geretsried
S. 28: © Getty Images/iStock/GlobalStock
S. 30: © ekaterina_belova - stock.adobe.com
S. 31: © Thinkstock/Stockbyte
S. 32: © International Federation of Red Cross and Red Crescent Societies
S. 34: © Thinkstock/iStock/vadimguzhva
S. 35: © fotolia/135pixels
S. 37: © le_moque – stock.adobe.com
S. 38: © Thinkstock/iStock/ralfgosch
S. 39: © Thinkstock/Pixland/Jupiterimages
S. 40: © fotolia/legabatch
S. 41: oben © Thinkstock/iStock/saiko3p, unten © Thinkstock/iStock/abadonian
S. 43: oben © Thinkstock/iStock/encrier, unten © Thinkstock/iStock/LiudmylaSupynska
S. 45: © industrieblick - stock.adobe.com
S. 46: © Petair - stock.adobe.com
S. 48: © Thinkstock/iStock/Eric Isselée
S. 50: © Thinkstock/iStock/photokdk
S. 51: © pavel1964 - stock.adobe.com
S. 52: © Thinkstock/iStock/agencyby
S. 54: © Thinkstock/iStock/vladans
S. 56: Paar vor Fernseher © Getty Images/ xavierarnau, Fernsehbild © Thinkstock/ iStock/Ivan Bastien
S. 57: © Thinkstock/iStock/unclepodger
S. 58: © iStock/double_p
S. 60: © fotolia/contrastwerkstatt
S. 61: © iStockphoto/Steve Cole
S. 62: Smileys © Getty Images/iStock/Pingebat, Daumen hoch © Thinkstock/iStock/ikoplov
S. 63: © Getty Images/Vetta/izusek
S. 64: © Thinkstock/iStock/monkeybusinessimages
S. 65: © iStock/IS_Image Source
S. 66: © Kalim-stock.adobe.com
S. 67: © Thinkstock/iStock/Suljo
S. 69: © san_ta – stock.adobe.com
S. 71: © iStock/yenwen
S. 74: © Thinkstock/iStock/Jacob Ammentorp Lund
S. 76: © irisblende.de
S. 78: © Thinkstock/iStock/mosinmax
S. 79: © Thinkstock/iStock/pixinoo
S. 80: Reihe oben von links nach rechts © Getty Images/iStock/fotostok_pdv, © Bildunion/ 10002, © Thinkstock/iStock/tpzijl, © Thinkstock/iStock/Jasmina81, Reihe unten von links nach rechts © sdraskovic – stock.adobe.com, © Getty Images/iStock/ Taiftin, © Getty Images/iStock/A_Pobedimskiy, © Thinkstock/iStock/EvgenRex
S. 81: © warloka79 – stock.adobe.com
S. 82: © iStockphoto/Stalman
S. 84: © fotolia/Bianka Hagge
S. 85: © Thinkstock/Photodisc/Digital Vision
S. 88: © Shutterstock.com/Monkey Business Images
S. 89: © Thinkstock/Stockbyte/George Doyle
S. 92: © Thinkstock/iStock/ monkeybusinessimages
S. 93: © Thinkstock/Photodisc/Medioimages
S. 94: © Thinkstock/iStock/joesive47
S. 95: © iStock/fotografixx
S. 98: © fotolia/Bikeworldtravel
S. 100: © djile – stock.adobe.com
S. 101: Smileys © Getty Images/iStock/Pingebat
S. 102: © Getty Images/DigitalVision
S. 103: © Thinkstock/iStock/ monkeybusinessimages
S. 104: © Thinkstock/iStock/meral yildirim
S. 106: © iStock/Sergey Borisov
S. 109: © Thinkstock/Photodisc/Steve Mason
S. 111: © mariesacha – stock.adobe.com
S. 113: © fotolia/sergiyzinko
S. 114: oben © Thinkstock/iStock/glebchik, unten © Thinkstock/iStock/Lukasok
S. 116: © Colourbox.de
S. 117: © fotolia/Tyler Olson
S. 118: © Thinkstock/iStock/Fouque
S. 119: © artincamera – stock-adobe.com
S. 121: © Ariane Citron – stock.adobe.com
S. 123: © Thinkstock/Jupiterimages/Comstock
S. 124: © Thinkstock/iStock/tiagozr
S. 129: © Thinkstock/iStock/Elenarts
S. 130: © Getty Images/iStock/ monkeybusinessimages
S. 131: © PantherMedia/Rita Maaßen
S. 132: © iStockphoto/cdwheatley
S. 135: © Thinkstock/iStock/Ridofranz
S. 137: © Thinkstock/iStock/Chet_W
S. 138: © Thinkstock/iStock/MrsWilkins
S. 140: © Thinkstock/iStock/gmalandra
S. 141: © Getty Images/iStock/DjelicS
S. 142: © Thinkstock/iStock/Paul Brighton
S. 143: © fotolia/Alexander Rochau
S. 146: © Getty Images/E+/Nikada
S. 148: links © fotolia/MarcoBagnoli Elflaco, rechts © Thinkstock/Fuse
S. 149: © Getty Images/iStock/JackJelly
S. 151: © ALF photo – stock.adobe.com
S. 152: © Thinkstock/iStock/JqnOC
S. 154: © Thinkstock/iStock/nyul
S. 157: © Getty Images/BananaStock/ Jupiterimages
S. 158: © Thinkstock/iStock/PictureReflex
S. 160: © Thinkstock/iStock/PictureReflex

Bildredaktion: Cornelia Hellenschmidt, Hueber Verlag, München